MARCO POLO

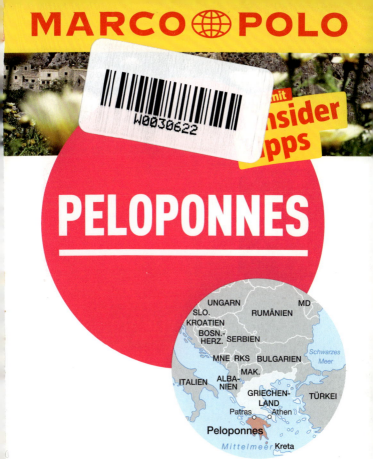

PELOPONNES

MARCO POLO Autor Klaus Bötig

Der Bremer Reisejournalist Klaus Bötig ist seit 1973 mehrmals jährlich auf dem Peloponnes unterwegs. Ihn fasziniert vor allem das Miteinander von Küstenlandschaften und Hochgebirgen, in denen im Winter sogar Skilifte in Betrieb sind. Meist kommt er nur sehr langsam voran, denn ständig fordern urige Tavernen und gute Hotels, archäologische Stätten, Klöster und Museen sowie erzählfreudige Menschen zum Bleiben auf.

www.marcopolo.de/peloponnes

← UMSCHLAG VORN:
DIE WICHTIGSTEN HIGHLIGHTS

Die besten Insider-Tipps → S. 4

INSIDER TIPP

Best of ... → S. 6

Achaía & Korinthía → S. 32

Argolís → S. 44

4	**DIE BESTEN INSIDER-TIPPS**
6	**BEST OF ...** ● TOLLE ORTE ZUM NULLTARIF S. 6 ● TYPISCH PELOPONNES S. 7 ● SCHÖN, AUCH WENN ES REGNET S. 8 ● ENTSPANNT ZURÜCKLEHNEN S. 9
10	**AUFTAKT**
16	**IM TREND**
18	**STICHWORTE**
24	**ESSEN & TRINKEN**
28	**EINKAUFEN**
30	**DIE PERFEKTE ROUTE**
32	**ACHAÍA UND KORINTHÍA** KORINTH, PATRAS (PÁTRA)
44	**ARGOLÍS** NAUPLIA
60	**ELIS UND ARKADIEN** OLYMPIA, TRÍPOLI

SYMBOLE

INSIDER TIPP Insider-Tipp
★ Highlight
●●●● Best of ...
☼ Schöne Aussicht
🌱 Grün & fair: für ökologische oder faire Aspekte
(*) kostenpflichtige Telefonnummer

PREISKATEGORIEN HOTELS

€€€ über 100 Euro
€€ 50–100 Euro
€ unter 50 Euro

Die Preise gelten für zwei Personen im Doppelzimmer ohne Frühstück in der Hauptsaison

PREISKATEGORIEN RESTAURANTS

€€€ über 19 Euro
€€ 13–19 Euro
€ unter 13 Euro

Die Preise gelten für ein Essen mit Fleischgericht, Beilage, Salat und einem viertel Liter offenen Wein

Titelthemen: Festungsstadt Monemvassía S. 90 | Bungeejump bei Korinth S. 102

INHALT

MESSENIEN UND LAKONIEN 76
AREÓPOLI, KALAMÁTA,
MONEMVASSÍA, SPARTA

Elis & Arkadien → S. 60

AUSFLÜGE & TOUREN 96
SPORT & AKTIVITÄTEN 102
MIT KINDERN UNTERWEGS 106
EVENTS, FESTE & MEHR 108

Messinien & Lakonien → S. 76

ICH WAR SCHON DA! 110
LINKS, BLOGS, APPS & MORE 112
PRAKTISCHE HINWEISE 114
SPRACHFÜHRER 120

Ausflüge & Touren → S. 96

REISEATLAS 124

REGISTER & IMPRESSUM 138
BLOSS NICHT! 140

Reiseatlas → S. 124

GUT ZU WISSEN
Geschichtstabelle → S. 12
Spezialitäten → S. 26
Rosenkranz? Komboloi!
→ S. 84
Bücher & Filme → S. 116
Was kostet wie viel? → S. 117
Wetter in Patras → S. 118
Schrift und Umschrift → S. 119
Aussprache → S. 120

KARTEN IM BAND
(126 A1) Seitenzahlen und Koordinaten verweisen auf die Reiseatlas
(U A1) Koordinaten für die Karte von Patras im hinteren Umschlag
(0) Ort/Adresse liegt außerhalb des Kartenausschnitts
Karten von Olympia, Nauplia und Sparta → S. 132/133
Karten von Alt-Korinth, Mykene und Mistras → S. 134/135

UMSCHLAG HINTEN: FALTKARTE ZUM HERAUSNEHMEN →

FALTKARTE 📙
(📙 A–B 2–3) verweist auf die herausnehmbare Faltkarte
(📙 a–b 2–3) verweist auf die Zusatzkarte auf der Faltkarte

Die besten MARCO POLO Insider-Tipps

Von allen Insider-Tipps finden Sie hier die 15 besten

INSIDER TIPP Uralte Kunst

Herr Sénnas im Exekías in Alt-Korinth macht das, was die Korinther am besten konnten: Er bemalt Vasen → S. 37

INSIDER TIPP Einmalige Chance

Was andere nur auf teuren Kreuzfahrten sehen, können Sie im Café Isthmía ganz entspannt bei einem Kaffee bestaunen: das Wunderwerk des Kanals von Korinth → S. 38

INSIDER TIPP Abseits vom Trubel

Nach einem langen Besichtigungstag in Olympia (Foto o.) bietet das Hotel Olýmpion Astý einen großen Pool, entspannten Fernblick und einen sehr ruhigen Schlaf → S. 66

INSIDER TIPP Betten für Cineasten

Alle zwölf Suiten im Hotel Montage bei Kalávrita sind in Anlehnung an berühmte internationale Filme gestaltet, eine umfangreiche Filmothek steht ebenfalls den Gästen zur freien Verfügung → S. 43

INSIDER TIPP Abseits der Massen

Olympia ist unbedingt sehenswert, wird aber stark von Reisegruppen geprägt. Um sehr gut in ländlichem Ambiente zu essen, fahren Sie besser in ein Nachbardorf und lassen sich dort im modernen, sehr gepflegten Restaurant Bákchos nieder, wo auch das Preis-Leistungs-Verhältnis stimmt → S. 65

INSIDER TIPP Rezepte von Frau Zimt

In Langádia produziert Frau Kanélla (deutsch: Zimt) nahezu alle Produkte in ihrem schönen Laden selbst, die leckeren Nudeln werden beispielsweise im Untergeschoss hergestellt → S. 73

INSIDER TIPP Von der Olive zum Öl

Im Oliven- und Olivenölmuseum von Sparta erfahren Sie viel Wissenswertes rund um die kleinen grünen oder schwarzen Steinfrüchte: von der Kultivierung dieser alten Nutzpflanze bis hin zu Verarbeitungstechniken → S. 93

INSIDER TIPP Unter Fischern

Das pittoreske Dorf Ágios Nikólaos auf der Máni hat den schönsten Fischerhafen des Peloponnes. An diesem wird täglich ein kleiner Fischmarkt abgehalten → S. 80

INSIDER TIPP Schwindelfrei

Die Mönche im Kloster Prodrómou beweisen ihr Gottvertrauen auch durch die spektakuläre Lage ihrer Behausung: über mehrere Stockwerke ist es an die steile Felswand gebaut → S. 72

INSIDER TIPP Duftende Brote

Die wohl schönste Bäckerei des Peloponnes steht in Areópoli in der Máni und lockt Kunden schon allein durch ihren herrlichen Duft nach frischem Brot und leckerem Gebäck an → S. 79

INSIDER TIPP Verrückt

Wenn Sie in die Láthos Bar („Láthos" heißt auf deutsch „Fehler") in Nauplia gehen, handeln Sie garantiert richtig → S. 50

INSIDER TIPP Island in der Ägäis

Bei Kaiméni stehen Sie plötzlich in einer Lavawüste, kontrastiert wird diese unwirkliche Mondlandschaft mit Erdbeerbäumen – das macht die Szenerie noch skurriler! → S. 56

INSIDER TIPP Tankstelle im doppelten Sinn

Die Avin-Tankstelle bei Neméa versorgt ihre Kunden nicht nur mit Benzin, auch ein Fläschchen Wein können Sie sich hier abfüllen lassen → S. 96

INSIDER TIPP Fangfrisch

Der Weg vom Kutter in die Taverne Ángyra in Patras ist denkbar kurz, liegt sie doch direkt am Fischereihafen. Deshalb ist der Fisch hier stets besonders frisch → S. 41

INSIDER TIPP Gut für Familien

In der Pension Ómorfi Póli in Nauplia sind die Zimmer groß genug für fünf Gäste; ideal also für Familien mit mehreren Kindern → S. 50

BEST OF ...

TOLLE ORTE ZUM NULLTARIF
Neues entdecken und den Geldbeutel schonen

SPAREN

- *Stilgeschichte kompakt*
Die *eigenartigste Kirche Griechenlands* steht bei Mantínia. Sie gleicht einem Museum der architektonischen Stilgeschichte von der Antike bis heute. Eintritt wird hier ebenso wenig verlangt wie in den gleich gegenüberliegenden *Ausgrabungen* der antiken Stadt → S. 74

- *Mit dem Rad durch die Stadt*
Anderswo ist das Radeln sicher angenehmer, aber dafür stellt in der Großstadt Patras die Touristeninformation Besuchern ein *Mountainbike für Stadtrundfahrten* kostenlos zur Verfügung → S. 41

- *Burg mit Kloster*
Für die meisten Burgen auf dem Peloponnes wird Eintritt erhoben. Nicht so in Koróni, in der Sie zudem noch ein *idyllisches Nonnenkloster* und die Überreste einer *frühchristlichen Basilika* erwarten (Foto) → S. 87

- *Imposante Gemäuer*
Von der *antiken Stadt Árgos* blieben hoch aufragende Mauern der Thermen, ein kleines Musiktheater und einige Sitzreihen des einst größten Theaters des Landes erhalten. Der Wärter im Kassenhäuschen achtet auf Ordnung, aber fordert kein Eintrittsgeld → S. 50

- *Gewusst wann*
Für viele ansonsten eintrittspflichtige *archäologische Stätten und staatliche Museen* wird an über 30 Tagen kein Ticket verlangt, so z.B. sonntags zwischen November und März. Wer die 30 Tage kennt, kann durch die richtige Terminwahl leicht ein paar Euro sparen → S. 115

- *Wellness fürs Portemonnaie*
Im Eukalyptuswald um das kleine, alte Kurhaus von Loutrá Killínis liegt *der warme Heilschlamm* für alle frei zugänglich gleich neben römischen Thermen. Wer mag, bedeckt sich kostenlos mit dem Geschenk der Natur, kratzt es später wieder ab und duscht unter freiem Himmel – kalt, aber kostenlos → S. 66

Diese Punkte zeichnen in den folgenden Kapiteln die Best-of-Hinweise aus

TYPISCH PELOPONNES
Das erleben Sie nur hier

● *Schiffe und Souvláki*
Von der Brücke über den *Kanal von Korinth* schauen Sie nicht nur auf mächtige Schiffe (Foto), sondern sehen auch mutigen Bungee-Springern zu. Sich hier an einem *Souvláki-Grill* kleine Fleischspieße zu holen, ist hellenisches Ritual → S. 37

● *Weinprobe beim Winzer*
Neméa ist eine der berühmtesten Weinbauregionen des Landes. In kleinen Weinkellereien begrüßt sie meist der Winzer persönlich und lässt Sie seine edlen Tropfen verkosten. Die renommierteste von allen ist die des *Weinguts Palývou in Archéa Neméa* → S. 38

● *Wehrhaft wohnen*
Die raue Landschaft der Máni wird von *Wohntürmen* geprägt, die vom früheren Brauch der Blutrache zeugen. In *Areópoli*, der „Stadt des Kriegsgottes Ares", können Sie heute in einigen von ihnen ganz friedlich und ruhig in authentischem Ambiente übernachten → S. 78

● *Weitab vom Meer*
Alpin anmutende Gebirge prägen den Peloponnes. In Hunderten kleiner Bergdörfer geht das Leben seinen althergebrachten Gang. Eins der schönsten von ihnen ist *Andrítsena*, wo Sie gut auch einmal eine Nacht verbringen können → S. 67

● *Wasserkraft und Wirtschaftsblüte*
Das grüne Loúsios-Tal erzählt im *Museum der Wasserkraft* in der Nähe von Dimitsána, wovon die Menschen dieser Bergregion früher lebten. Sie spazieren von Mühle zu Mühle, von Werkstatt zu Werkstatt und verstehen, warum das Dorf vor 200 Jahren so wohlhabend wurde → S. 71

● *Meeresfrüchte zum Ouzo*
Fisch zählt auf dem Peloponnes zu den Grundnahrungsmitteln. In den *Ouzerien* an der Hafenfront von Gíthio genießen Sie ihn stets frisch und noch dazu relativ preiswert im Anblick von Fischkuttern und Möwen. Ganz griechisch bestellen Sie dazu eine kleine Karaffe Ouzo → S. 80

BEST OF ...

SCHÖN, AUCH WENN ES REGNET
Aktivitäten, die Laune machen

REGEN

● *Bootsfahrt durch die Unterwelt*
In der *Tropfsteinhöhle Pírgos Diroú* gleiten Sie lautlos auf einem unterirdischen Fluss durch die Wunderwelt von Stalagmiten und Stalaktiten. Wenn Sie wieder ans Tageslicht kommen, ist der Regen vielleicht schon vorbei (Foto) → S. 81

● *Einfach abtauchen*
Einfach abzutauchen, ist eine ganz sportliche Antwort auf Regen. Der *Porto Heli Scuba Club* bietet auch absoluten Anfängern die Möglichkeit zu einem Probetauchgang in einem Pool oder einer geschützten Bucht → S. 104

● *Über den Wolken*
Hängen die Wolken tief, fahren Sie von Kalávrita aus ins *Skigebiet am Chelmós* hinauf meist der Sonne entgegen. Dort oben auf über 1600 m Höhe scheint sie oft, wenn sie an den Küsten nicht zu sehen ist. Wenn kein Schnee liegt, können Sie hier auch gut spazieren gehen → S. 105

● *Edle Tropfen*
Wenn Sie schon immer wissen wollten, wie Ouzo hergestellt wird und welche Gewürze ihm seinen Geschmack verleihen, erfahren Sie das bei einer Führung durch die *Destillerie Karónis* bei Náfplio → S. 49

● *Museen für den ganzen Tag*
Gleich *vier Museen* sorgen in *Olympia* dafür, dass auch ein verregneter ein interessanter Tag werden kann – egal, ob Ihr Interesse nun mehr der Archäologie und Kunst oder dem Sport gilt → S. 62, 65

● *Shoppen und genießen*
In der *Altstadt von Náfplio* liegen Schmuck- und Kunsthandwerksgeschäfte, Boutiquen, Cafés und Tavernen so dicht beieinander, dass Sie von Tür zu Tür kaum einen Regentropfen abbekommen → S. 46

ENTSPANNT ZURÜCKLEHNEN
Durchatmen, genießen und verwöhnen lassen

● **Die Weisheit des Ostens**
Im *Elixir Thalassotherapie Center* des *Grecotel Olympia Riviera Thalasso* erleben Sie auch als Nicht-Hotelgast eine authentische Ayurveda-Kur unter Leitung eines indischen Doktors. Die Anwendungen reichen vom traditionellen Stirnguss bis zur Massage und Kräuterpackung → S. 69

● **Geschichte sinnlich erleben**
Auf der Dachterrasse der *Taverne Gémelos* in *Archéa Kórinthos* speisen Sie mitten in der Geschichte. Sie sitzen entspannt direkt über den Ausgrabungen des antiken Stadtzentrums, blicken auf die Burg oben und das Lichtermeer des modernen Korinth unten am Meer → S. 36

● **Honig und Olivenöl**
Im *Anazoe Spa* des *Costa Navarino Resort* bei *Pílos* ist von der Eisgrotte bis zur Kräutersauna alles vorhanden, was fürs Wohlbefindens sorgt. Bei den Anwendungen liegt ein Schwerpunkt auf regionalen Naturprodukten: Olivenöl und Honig → S. 89

● **Sonnenbad im Dünental**
Den langen Sandstrand *Símos Beach* auf dem Inselchen *Elafónissos* säumt ein breiter Dünenstreifen, wo Sie garantiert ein verschwiegenes Dünental finden. In dem können Sie sich in aller Ruhe von der Sonne verwöhnen lassen → S. 92

● **Theater unterm Himmelszelt**
Im *antiken Theater von Epidauros* gerät die Natur zum Bühnenbild. Zirpende Zikaden untermalen die Texte der Dichter, der Mond wird zum Chefbeleuchter. Unbeschwerter ist Theatergenuss kaum möglich (Foto) → S. 53

● **Stunden an Bord**
Nicht nur Kreuzfahrtschiffe, sondern auch *Ausflugsdampfer* sind im *Kanal von Korinth* unterwegs. So passieren Sie den Kanal sogar zweimal auf jeder Fahrt. Da können Sie erst eifrig fotografieren und sich auf der Rückfahrt entspannt an Deck zurücklehnen und das einzigartige Ereignis genießen → S. 38

8 | 9

AUFTAKT

ENTDECKEN SIE DEN PELOPONNES!

Die „Insel des Pelops" ist zweieinhalb mal größer als Kreta. Hier findet fast jeder sein Urlaubsglück. Ein weit über 100 km langer Sandstrand säumt die ganze Westküste, idyllische Badebuchten verstecken sich vor Bergen so hoch wie die Alpen. Die Geschichte ist allgegenwärtig, von den Tempeln im antiken Olympia bis hin zu venezianischen Burgen direkt am Meer. Grüne Täler und wilde Schluchten laden zum Wandern ein, schöne Städtchen zum Shoppen und Flanieren. Orangen- und Olivenhaine bedecken weite Ebenen, duftende Pinienwälder säumen vogelreiche Seen und Lagunen. Und im Winter fährt man in den Bergen Ski!

Eine Reise über den Peloponnes ist eine Reise durch 100 verschiedene Landschaften, die zudem von Jahreszeit zu Jahreszeit ihr Aussehen ändern. Die mehr als 2000 m hohen Gebirge sind oft noch Anfang Mai schneebedeckt, wenn an den Küsten bereits das Badeleben beginnt. Hügel und Berge umschließen immer wieder neue Hochtäler und fruchtbare Ebenen, die wie in sich abgeschlossene Welten wirken und oft eine jahrtausendealte, an Tempel- und Palastresten noch sichtbare Geschichte haben.

Bild: Halbinsel Mani Limeni

Kafeníon und Ouzerie: zwei Fixpunkte im alltäglichen Leben der Griechen

Lange Sandstrände, einsame Dünenstreifen und eindrucksvolle Steilküsten säumen das Ionische Meer und die Ägäis. Auch entlang des Korinthischen Golfs wird an vielen, überwiegend schmalen und kieseligen Stränden gebadet. Hier wird die Landschaft zum Teil des Erlebnisses, weil vielerorts Orangen- und Olivenhaine bis unmittelbar ans Wasser reichen, Hunderte kleiner Buchten die Ufer gliedern und gegenüber fast immer das griechische Festland mit seinen hohen Bergen vor Augen liegt. Da wird auch Fernweh wach, denn durch den Golf streben Frachter, Yachten und Kreuzfahrtenschiffe auf den Kanal von Korinth zu oder aufs offene Mittelmeer hinaus.

Der bis zu 250 km lange und breite Peloponnes ist weitgehend ländlich geprägt. In der Argolís, der Region um Nauplia und Mykene, bilden Millionen von Orangen- und Zitronenbäumen eine vitaminreiche Vegetation. Messenien im Südwesten gleicht in weiten Teilen einem unendlichen Olivenhain. In den breiten Küstenebenen im Nord-

1580–1100 v. Chr.
Mykenische Zeit: Stadtkönigreiche entstehen, allen voran Mykene und Tiryns

740–720 v. Chr.
I. Messenischer Krieg. Sparta unterwirft Messenien

492–479 v. Chr.
Perserkriege

431–404 v. Chr.
Peloponnesischer Krieg zwischen Athen und Sparta; Sparta siegt

338–146 v. Chr.
Hellenismus: Philipp II. von Makedonien unterwirft ganz Griechenland. Sein Sohn Alexander der Große begründet ein Weltreich, das nach seinem Tod 323 in mehrere Teile zerfällt

AUFTAKT

westen werden Tomaten und Erdnüsse angebaut. Überall im Flachland wachsen Trauben für Wein, Korinthen und Sultaninen. Künstliche Bewässerung macht vielerorts die Landwirtschaft lohnend, so dass – anders als in anderen Regionen Griechenlands – auch die jungen Leute in ihren Heimatdörfern bleiben.

Das prägt auch das Leben in den Dörfern und Kleinstädten. Die traditionellen Kaffeehäuser sind an jedem Vormittag und frühen Abend gut besucht. Für die Jugend gibt es selbst in kleinen Orten moderne Cafés und Bars, in denen sie sich getrennt von den Alten bei eisgekühltem *café frappé* und internationalem Sound treffen. Alte Leute ziehen morgens noch immer mit Maultier und drei Ziegen vom Dorf aufs Feld und mittags zurück, während ihre Enkel vielleicht in Patras oder Trípoli studieren oder in den Küstenhotels Geld verdienen. Nicht alle jungen Männer, die man in

Traditionelles und zugleich multikulturelles Leben

den Dörfern sieht, sind Griechen: Hunderttausende Albaner und andere Osteuropäer, Pakistaner und Schwarzafrikaner verdingen sich auf dem Peloponnes als Land- oder Bauarbeiter.

Nur drei Städte auf dem von mehr als 1 Mio. Menschen besiedelten Peloponnes haben mehr als 30 000 Bewohner: Kalamáta im Süden, Patras, die mit 164 000 Ew. größte Stadt des Peloponnes, und Korinth an der Nordküste. Schwerindustrie oder umweltbelastende Betriebe gibt es praktisch nirgends, nur bei Megalópolis verpestet ein Braunkohlekraftwerk die Luft.

146 v. Chr.–395 n. Chr.
Römische Herrschaft

395–1204
Oströmisch-byzantinische Zeit

1204–1249
Fränkische Kreuzritter erobern den Peloponnes; Venedig baut Festungen an der Küste

1262
Byzanz beginnt mit der Rückeroberung des Peloponnes

1446–1460
Die Türken erobern den Peloponnes

1684–1715
Die Venezianer halten Teile des Peloponnes besetzt

12 | 13

Patras und Korinth sind die beiden wichtigsten Eingangstore: Patras als Hafen für die Italienfähren, Korinth als die Stadt am Kanal, über den eine Eisenbahn- und vier Straßenbrücken ins 80 km entfernte Athen führen. Der Kanal durchschneidet seit 1893 den nur 5600 m schmalen Isthmus, der bis dahin den Peloponnes als Landbrücke mit dem griechischen Festland verband. Der Kanal hat den Peloponnes zur Insel gemacht. Als solche empfanden ihn freilich schon die Menschen der Antike: Sein Name bedeutet Insel des Pelops. Mythologie und Geschichte sind auf dem Peloponnes allgegenwärtig.

> **Die mykenischen Herrscher wurden zu Figuren antiker Kriminalgeschichten**

Auch die bedeutendste Burg des frühen Griechenlands, Mykene, liegt auf dem Peloponnes. Die mykenische Kultur prägte ganz Hellas zwischen 1580 und 1100 v. Chr. Viele der mythischen Figuren, die wir aus den Tragödien der drei großen Athener Theaterdichter Aischylos, Euripides und Sophokles kennen, waren Herrscher in Mykene. Als Nachkommen des Pelops, dessen Geschlecht wegen eines Königsmords in Olympia unter einem bösen Fluch stand, wurden sie zu Figuren antiker Kriminalgeschichten: z. B. Atreus, der die Kinder des Thyestes schlachtete, um sie ihm anschließend zum Versöhnungsmahl vorzusetzen. Einige antike Tragödien werden in der Nähe Mykenes im Sommer im antiken Theater von Epidauros aufgeführt. Solch ein Theaterabend unterm Sternenhimmel wird zum unvergesslichen Erlebnis. Immer wieder schweift der Blick über Orchestra und Bühne weit in die wie Seelenbalsam wirkende Landschaft hinaus, und dazu hören Sie als Begleitmusik die unermüdlichen Zikaden.

Die Geschichte des Peloponnes war von kriegerischen Auseinandersetzungen geprägt. Jahrhundertelang bestimmte der Gegensatz zwischen dem aristokratischen Sparta und dem demokratischen Athen die Geschicke des klassischen Hellas. Die Habgier Venedigs sorgte 1204 dafür, dass das Byzantinische Reich zerfiel. Die folgenden zweieinhalb Jahrhunderte standen im Zeichen byzantinischer Rückeroberung des Peloponnes. Nach dem Fall Konstantinopels 1453 und der Eroberung Griechenlands durch die Türken wurde das Osmanische Reich zum neuen Widersacher Venedigs auf der Insel des Pelops. Von Venedig und Byzanz zeugen noch zahlreiche Bauwerke. Neben vereinzelten Burgen, Kirchen und Klöstern sind es zwei Stadtensembles, deren Besuch Höhepunkte jeder Peloponnesrundreise sind: Mistrás und Monemvassía.

1821–1828	1881–1920	1940–1949	1967–1974	2007	2010
Griechischer Freiheitskampf gegen die Türken	In mehreren Kriegen gewinnt das griechische Staatsgebiet seine heutigen Konturen	Deutsche Besatzung und Bürgerkrieg	Militärdiktatur	Schwere Waldbrände auf dem westlichen Peloponnes	Schwere Finanz-, Wirtschafts- und Gesellschaftskrise

AUFTAKT

Ágios Nikólaos ist nur eine von vielen Kirchen im lakonischen Monemvassía

Die originellsten Ferienunterkünfte des Peloponnes stehen aber in der Máni auf dem mittleren seiner drei großen Finger. Die Máni, vom 2400 m hohen Taigéttosgebirge gegen den übrigen Peloponnes abgeriegelt, gilt als steinigste und wasserärmste Region Griechenlands. Rau wie die Landschaft waren hier bis vor Kurzem auch die Sitten. Die Manioten hielten alle Türken aus ihrer Heimat fern; sie waren wesentlich an der Befreiung Griechenlands beteiligt. Aber auch untereinander lagen sie häufig im Streit. Von ihren turmartigen Familienburgen aus beschossen sich Nachbarn über nur wenige Meter Entfernung wegen nichtiger Anlässe. Heute kann man als Urlauber in manchen von ihnen wohnen.

Nauplia ist zusammen mit seinem Nachbarort Toló eines der beiden traditionellen Ferienzentren auf dem Peloponnes. Das zweite ist der Süden der argolischen Halbinsel mit Portohéli und Ermióni, da Fähren diese Region mit dem Hafen von Piräus verbinden.

Neue und alte Ferienzentren

Die Öffnung des Militärflughafens von Áraxos bei Patras hat dem äußersten Nordwesten des Peloponnes im ersten Jahrzehnt unseres Jahrtausends Aufschwung verliehen. Loutrá Killínis ist hier das Zentrum des internationalen Pauschaltourismus gehobenen Niveaus. Jetzt wird gerade der Südwesten des Peloponnes im Gebiet um die Kleinstadt Pílos zu einer neuen Destination ausgebaut, in die schon mehrere große Luxushotels und zwei Golfplätze locken. Zielflughafen dafür ist Kalamáta. Dass es dorthin jetzt viele Charterflüge gibt, kommt auch dem Individualreisenden und vielen kleinen Hotels bis hin auf die Máni zu Gute. Davon abgesehen ist der Peloponnes Urlaubsziel von Studienreisenden und Individualurlaubern. Die Schönheit der Küsten verlockt viele, den Peloponnes zu umfahren und nur die berühmtesten Stätten im Landesinnern zu besuchen. Das aber ist ein Fehler! Die ganze Schönheit dieser südgriechischen Landschaft entdecken nur jene, die auch die Dörfer in den Bergen, unbekannte Kirchen, Klöster und Ausgrabungen abseits der Hauptrouten ansteuern.

IM TREND

1 Geschichtsträchtig

Übernachten Die Trendhotels warten nicht nur mit Luxus, sondern auch mit Historie auf. So wie das *Hotel Mavromichalai (Liméni, Foto)* in der Máni. Dort schlafen Sie in einem ausgebauten Kastell von 1850. Vom *Kallisto Hotel (Levídi)* geht es via einer Steinbrücke direkt ins Museum der Kunstgeschichte der Region Arkadien. Im *Taleton (Xirokambi)* schlafen Sie über einer Olivenzisterne aus der Mitte des 19. Jhs.

Schneesicher

Snowboarding Crosscountry-Boarder zieht es an den Ménalon *(www.mainalo-ski.gr)*. Wer Halfpipes und präparierte Pisten schätzt, ist am Chelmós richtig. Eine Snowcam gibt es unter *www.snowreport.gr*. Nicht nur die Ausrüstung bekommen Sie bei *Board Generation (Angelou Sikelianou 4–6, Athen)*. Die Kenner organisieren regelmäßig Ausflüge in die Skigebiete des Peloponnes. Noch mehr Geheimtipps in Sachen Boarding kennt der *Alpinclub (Vourloumis 7–9, Patras, www.alpinclub.gr)*.

2

Schöner snacken

3

Essen Die Zeiten in denen nur Moussaka, Gyros und Souflaki auf den Teller kamen, sind vorbei! Geradezu puristisch kommen die Teller des *Kakanarakis 1986 (Olgas 18, Nauplia)* daher. Griechische und italienische Kochkunst wird in dem familiär geführten Lokal zu edlen Häppchen kombiniert. Nicht nur das *Kastell Kyrímai (Geroliménas, Foto)* ist ein Hingucker, sondern auch das was in dem Restaurant in der Máni auf der kleinen, aber feinen Karte steht. Der preisgekrönte Chefkoch Yiannis Baxevanis bereitet moderne griechische Küche zu und setzt dafür auf regionale Zutaten. Mal steht Seeigelsalat auf der Karte mal wilder Spargel mit Fischröllchen.

Auf dem Peloponnes gibt es viel Neues zu entdecken. Das Spannendste auf dieser Seite

Zurück zur Philosophie

Sokrates Söhne In den Spuren von Aristoteles, Heraklit und Platon wandern Griechenlandbesucher heute wieder mehr denn je. Luxuriöse Hotels wie das *Westin Resort (Costa Navarino, Foto)* bieten philosophische Spaziergänge an. Beim Wandeln durch den Olivenhain kommen eben auch die Gedanken in Gang. Unterstützt werden die Spaziergänger dabei durch einen Fachmann, der Themen wie Demokratie, Ethik oder Liebe philosophisch beleuchtet. Auch *Pelopswalks (über Trigilidas Travel, Kardamili, Messenia, www.pelopswalks.com)* organisiert solche Spaziergänge. Mit dem deutschen Anbieter *Reisefreude (www.reisefreu.de)* kann man sogar eine ganze Philosophiereise unternehmen – mit einem Programm aus Seminaren und Besuchen von Wirkensstätten der großen Denker.

Szene Patras

Nachtleben Nach dem Sonnenuntergang zeigt sich Patras von seiner charmanten Art – vergessen ist dann lauter Verkehr. Dass der In-Club *Güzel (Nikolaou 47)* nun auch eine Filiale in Patras eröffnet hat, ist ein sicheres Zeichen für den aufsteigenden Stern der Hafenstadt. Doch der Club ist nicht der einzige Tanz-Ableger, der sich in Patras angesiedelt hat. Auch die *Villa Mercedes (Karlou 1)* hat ihre Heimat ursprünglich in der griechischen Hauptstadt. In Patras entwickelt sich der Club zu der angesagtesten Anlaufstelle für Nachtschwärmer. Wer sich noch nicht festlegen will, der ist rund um die *Radinou* genau richtig. In der Gasse liegt ein Club neben dem anderen. Wenn Sie mit Ihrem Glas auf der Straße stehen bleiben, bekommen Sie eine amüsante Musikmischung zu hören.

STICHWORTE

ANTIKE GÖTTER

Die Götter der Antike trugen menschliche Züge. Sie waren zwar unsterblich, hatten aber Vorfahren. Sie hatten Kinder, Geschwister und Affären. Jeder Gott hatte seine besonderen Aufgaben und jeweils eine Reihe von Städten, die unter seinem Schutz standen. So erbaute auch jede Stadt einen Tempel für ihren Gott. Daneben gab es gesamtgriechische Heiligtümer wie Olympia, die allen Hellenen besonders viel bedeuteten. Die Römer übernahmen später die meisten Götter der Griechen und gaben ihnen lateinische Namen. Da diese bei uns oft bekannter sind, stehen sie im Folgenden in Klammern.

Göttervater Zeus (Jupiter) war der mächtigste Gott. Ihm zu Ehren wurden die Olympischen Spiele veranstaltet. Zeus' Brüder waren Poseidon (Neptun), der für das Meer und Erdbeben zuständig war und dem man einen Tempel in Isthmía bei Korinth widmete, sowie Hades (Pluto), der Gott der Unterwelt. Gemahlin des Zeus war Hera (Juno). Ihr war ein Tempel in Olympia geweiht; ihr größtes Fest wurde alljährlich im Heraion bei Árgos begangen. Sohn von Zeus und der ihm stets treuen Hera war Hephaistos (Vulcanus), der Gott der Juweliers- und Schmiedekunst.

Aus einem der vielen außerehelichen Verhältnisse des Zeus ging Apoll hervor, der Gott der Schönheit, der Dichtkunst und des Lichts. Die bedeutendsten geweihten Tempel standen an der *agorá* von Korinth und im einsamen Bassai.

Bild: Festung Akrokorinth

Von der Antike über Religion und Natur bis hin zur Wirtschaftskrise und ihren Folgen – hier erfahren Sie, was Sie wissen sollten

Seinem Sohn Asklípios (Äskulap), dem Gott der Heilkunst, wurde besonders in Epidauros gehuldigt. Eine Zwillingsschwester des Apoll war Artemis (Diana), die Göttin der Jagd.
Aphrodite (Venus), die Göttin der Liebe, war die Gemahlin des hinkenden Hephaistos. Ihr bedeutendstes peloponnesisches Heiligtum lag in Akrokorinth. Geliebter der Aphrodite war der Kriegsgott Ares (Mars), dem die Griechen zwar mit Taten eifrig huldigten, aber kaum Tempel bauten.

Dionysos (Bacchus) schließlich war der Gott der Fruchtbarkeit und des Weins. Als Gott des Theaters wurden ihm in jedem griechischen Theater vor den Aufführungen Opfer dargebracht.

AUS- UND UMSTEIGER

Vor allem die Gegenden um Koróni und Portohéli sind seit den Achtzigerjahren bevorzugte Gebiete deutscher und österreichischer Aus- und Umsteiger. Dementsprechend groß ist dort die Zahl deutschsprachiger Immobilienmakler. In der gegenwärtigen Staats- und Finanzkrise müssen viele Griechen und auch manche Ausländer angesichts massiver Steuererhöhungen und neuer Steuern für Hauseigentümer jetzt ihre Immobilien wieder verkaufen, was natürlich die Preise drückt. Deutsche fürchten zudem, wegen der deutschen Politik in diesen Krisenjahren, nicht mehr ganz so beliebt wie zuvor zu sein – und das nicht ganz zu Unrecht.

ser Kriege sind in nahezu allen Städten und Dörfern Denkmäler errichtet worden, nur selten jedoch für die Toten des Bürgerkriegs, der von 1944 bis 1949 dauerte. Man verdrängt ihn gern, denn er hat ein

So wie im messenischen Pílos stehen in fast allen Orten Denkmäler für Kriegsgefallene

BÜRGERKRIEG

Griechenland hat im 20. Jh. so häufig unter Kriegen gelitten wie kaum ein anderer europäischer Staat: von 1904 bis 1908 (Krieg gegen Bulgarien), von 1912 bis 1922 (Erster und Zweiter Balkankrieg) und von 1940 bis 1949 (Zweiter Weltkrieg und Bürgerkrieg). Für die Opfer dieser Menschenleben lang die Bevölkerung gespalten. Im Bürgerkrieg standen sich Kommunisten und von den Engländern unterstützte Bürgerliche gegenüber, die zuvor gemeinsam als Partisanen gegen die Besatzer aus Nazideutschland gekämpft hatten. Er kostete die Griechen mehr Menschenleben als der Zweite Weltkrieg: über 160 000.

BYZANZ

Byzanz begegnet Reisenden auf dem Peloponnes mindestens ebenso häufig wie die Antike. Mistrás war eine der byzantinischen Metropolen des spä-

STICHWORTE

ten Mittelalters, byzantinische Kirchen, Klöster und Burgen sind allgegenwärtig. Das Byzantinische Reich ging im 6. Jh. aus dem Oströmischen Reich hervor. In der Frühzeit erstreckte es sich bis nach Vorderasien, Nordafrika und Spanien. Sein Niedergang begann 1204 mit der Eroberung der Hauptstadt von Byzanz, Konstantinopel (heute Istanbul), durch Venedig und die westlichen Kreuzritter, in deren Folge auch der Peloponnes zu einem von Kreuzrittern beherrschten Fürstentum wurde. Mit dem Fall Konstantinopels 1453 kam auch für das byzantinische Despotat von Mistrás das endgültige Ende.

FAUNA

Wild lebende Säugetiere erspäht man auf dem Peloponnes fast nie, obwohl es Rehe, Wildschweine, Hasen, Schakale, Kaninchen und Füchse gibt. Schlangen sieht man meist nur überfahren auf den Straßen, im Gelände flüchten sie vor Wanderern. Häufig sind Eidechsen und Schildkröten. In den Gebirgen sind noch Schlangenadler und Wespenbussarde heimisch. Vogelparadiese sind vor allem die Küstenwälder bei Kalógria und die Kotíchilagune unmittelbar südlich davon. Über 500 Chamäleons leben noch bei Pílos.

FLORA

Für alle Pflanzenfreunde ist der Peloponnes zwischen Ende Februar und Mitte Mai am schönsten. Dann blüht es nicht nur in den Gärten, sondern auch üppig in freier Natur. Hibisken und Bougainvilleen stehen in vielen Städten und Dörfern, auf den Feldern faszinieren roter Klatschmohn, Asphodelien, Narzissen, Iris, wilde Tulpen, Anemonen und Alpenveilchen. An vielen Bachläufen blüht Oleander, und ganze Berghänge sind von gelb blühendem Ginster überzogen.

Während die Küstenebenen weitgehend landwirtschaftlich genutzt werden, sind die Berghänge oft von Macchia oder der für den Laien sehr ähnlichen Phrygana bedeckt. Beide werden von duftenden Kräutern wie Thymian, Salbei und Oregano, von Erdbeerbäumen, Zistrosen, Disteln, Lorbeer und Wacholder gebildet. Vor allem in höheren Lagen findet man auch Wälder aus Aleppokiefern, Kastanien, Ahornen, Ulmen, Buchen und Steineichen. Die Straßen werden oft von Eukalyptusbäumen gesäumt. Quellen und Dorfplätze sind bevorzugte Standorte der Platane.

FRONDISTÍRIO

Das griechische Wort bedeutet „Nachhilfestudio". Solche *frondistíria* machen nicht nur in allen Städten, sondern auch in vielen größeren Dörfern durch große Werbetafeln auf sich aufmerksam. Kaum ein griechischer Schüler kommt ohne sie aus – sicher kein gutes Zeugnis fürs griechische Bildungssystem. Im Zeichen der Krise leiden auch diese Studios unter den Einkommenskürzungen vieler Eltern, was auch die vielen dort beschäftigten Lehrer, die ohnehin starke Gehaltseinbußen hinnehmen mussten, schmerzhaft zu spüren bekommen.

IKONEN

Eine Kirche ohne Ikonen ist in Hellas unvorstellbar. Die Tafelbilder von Heiligen und biblischen Ereignissen sind dabei etwas ganz anderes als fromme Malereien in unseren Gotteshäusern. Für orthodoxe Gläubige sind sie gleichsam Tore zum Himmel. Verehrt werden nicht die Bilder, sondern die auf ihnen Dargestellten. Der Gläubige küsst nur scheinbar das Bild, in Wahrheit aber den Heiligen. Ihm schenkt er das Edelmetall, mit dem viele Ikonen überzogen sind, die kostbaren Vorhänge, Ringe, Edelsteine und Uh-

Ikonen: im orthodoxen Glauben nicht Kunst, sondern ein Tor zum Himmel

ren, die man an manchen Ikonen sieht. Der Ikonenmaler fühlt sich nicht als freier Künstler, sondern als Vollstrecker uralter Regeln, die nicht von Menschen geschaffen wurden. Er hat nur wenig Freiheiten; seine Phantasie und künstlerische Kreativität sind nicht gefragt.

KRISE

Seitdem im Herbst 2010 das ganze Ausmaß der griechischen Staatsverschuldung und Wachstumsschwäche bekannt wurde und EU und IWF daraufhin dem Land strengste Sparmaßnahmen auferlegten, leiden die Griechen unter zahlreichen Steuer- und damit verbundenen Preiserhöhungen vor allem für Tabak und Benzin, unter Renten- und Gehaltskürzungen, Senkung des Mindestlohns und Anhebung des Renteneintrittsalters, Stellenstreichungen sowie zahlreiche Einschnitte ins soziale Netz.

Die politischen Parteien kämpfen gegeneinander statt für das Land, Extremisten von rechts und links gewannen 2012 zumindest zeitweise stark an Einfluss. Stabile politische Verhältnisse sind in weite Ferne gerückt. Sogar ein Ausscheiden aus der Gemeinschaftswährung, dem Euro, erschien 2012 möglich. Die Griechen hoffen auf eine wirksame Wirtschaftsförderung als Ergänzung zum rigorosen Sparkurs, die europäischen Partner hoffen auf ernsthafte Strukturreformen in Wirtschaft und vor allem Verwaltung.

Als Tourist verspürt man von der Krise nur wenig, Streiks und Demonstrationen beschränken sich auf Großstädte wie Athen, Thessaloníki und Patras. Als deutscher Urlauber sollte man sich allerdings mit politischen Äußerungen stark zurückhalten, da Bundeskanzlerin Merkel und Finanzminister Schäuble in Hellas inzwischen zu den meistgehassten Persönlichkeiten zählen.

LOSVERKÄUFER

In allen Städten und vielen Dörfern ziehen Losverkäufer durch Straßen und Tavernen. Sie bieten Glückstickets für die staatliche Zahlenlotterie an, deren Ziehung jeweils Montagabends erfolgt. Sie halten aber auch Rubbellose bereit, mit denen Sie sofort kleinere Geldgewinne erzielen können. Die Lizenz als Losverkäufer erhalten nur Alte und sozial Schwache als eine Art staatlicher Fürsorge.

STICHWORTE

ORTSNAMEN

Besonders viele Ortsnamen auf dem Peloponnes beginnen mit den Wörtern Agía, Ágii oder Ágios. Das bedeutet „Heilige(r)", dahinter steht dann der Name des oder der Heiligen. Manchmal beginnen zweiteilige Ortsnamen auch mit Áno (Ober-) oder Káto (Unter-), gelegentlich auch mit Archéa (Antikes).

RELIGION

Nahezu alle Hellenen bekennen sich zum griechisch-orthodoxen Christentum. Christen anderer Konfessionen gelten als Anhänger eines Irrglaubens, der ihnen den Weg in den Himmel versperrt. Zur offiziellen Kirchenspaltung, dem Schisma, kam es bereits 1054. Urlaubern fallen zunächst die Kirchen und die vielen kleinen Kapellen auf. Viele sind weiß gekalkt, alte byzantinische Gotteshäuser sind unverputzt und zeigen ein schönes Mauerwerk aus Bruchsteinen und Ziegelsteinbändern. Kirchtürme sind selten, Kuppeln häufig. Beichtstühle und Weihwasserbecken fehlen, dafür ist das Mauerwerk innen oft mit Fresken überzogen. Altar- und Gemeinderaum trennt eine Bilderwand, die Ikonostase. Überall auf dem Peloponnes begegnet man orthodoxen Priestern, die lange, dunkle Gewänder, einen üppigen Bart und eine hohe Kopfbedeckung tragen. Sie sitzen in Kaffeehäusern, verrichten Feldarbeit und sind auch als Händler auf den Märkten tätig. Viele haben Familie, da sie vor der Priesterweihe heiraten dürfen.

STRÄNDE

Fast die gesamte Westküste des Peloponnes wird von schier unendlichen Sandstränden gesäumt, die oft von einem niedrigen Dünengürtel und stellenweise von uralten Küstenwäldern gesäumt werden. Besonders viele Strände gibt es zwischen Koróni und Finikoúnda im Südwesten, an der Bucht von Gíthio, an der Südküste der Argolischen Halbinsel und entlang des gesamten Korinthischen Golfs. Kleinere Strandbuchten sind sogar noch auf der von Steilküsten geprägten Máni zu finden. Organisierte Strände mit Liegestuhl- und Sonnenschirmvermietung gibt es fast nur vor den wenigen großen Hotels und im Einzugsbereich der Städte. Selbst Tavernen fehlen an vielen Stränden. Auf eine Art „Baywatch" müssen Sie fast immer verzichten – an griechischen Stränden ist jeder Badende für sich selbst verantwortlich.

WALDBRÄNDE

In fast jedem Sommer wird der Peloponnes von Waldbränden heimgesucht. Meist entstehen sie durch Fahrlässigkeit, manchmal ist auch Brandstiftung aus unterschiedlichsten Motiven die Ursache. Spuren vergangener Waldbrände werden Sie immer wieder begegnen. Am schauerlichsten sind sie entlang der Straße von Andrítsena nach Kréstena, wo Baumruinen auf über 50 km Länge die Landschaft prägen. Zur Wiederaufforstung, zu der der Staat eigentlich per Gesetz gezwungen ist, kommt es fast nie – Wille und Geld fehlen der griechischen Bürokratie auch hier.

WIRTSCHAFT

Der einzige bedeutende Industriestandort auf dem Peloponnes ist Patras. Hier werden nicht nur Bier, Wein und Spirituosen in großem Umfang produziert, sondern auch Textilien, Papier-, Gummi- und Lederprodukte. Bei Korinth arbeitet eine Erdölraffinerie. Kalamáta ist ein Zentrum der griechischen Zigarettenindustrie. In Aegio spielt die Möbel- und Papierherstellung eine gewisse Rolle.

ESSEN & TRINKEN

Auf dem Peloponnes müssen Sie sich nicht mit schwer verständlichen Speisekarten herumschlagen. Die Wirte zeigen offen, was sie zu bieten haben. In den Tavernen stehen alle gekochten und geschmorten Gerichte in Töpfen und Kasserollen im verglasten Warmhaltetresen.
Fleisch und Fisch zum Grillen und Braten liegen in Kühltresen oder im Kühlschrank, der für die wählenden Gäste geöffnet wird. Manchmal können sie sogar in die Küche gehen und schauen, was gerade auf dem Herd steht.
Trotzdem kann es beim Bestellen Missverständnisse geben, weil die Griechen ihre eigenen Ess- und Trinksitten haben. Tellergerichte mit Fleisch, Gemüse, Kartoffeln und Salatschälchen sind in Hellas weitgehend unbekannt. Gemüse und Salat sind immer ein eigenständiges Gericht auf eigenem Teller, nur Fleisch und Kartoffeln (meist Pommes frites) werden automatisch zusammen serviert. Frischer Fisch wird fast immer nach Gewicht berechnet und ist ausgesprochen teuer. Um unliebsamen Überraschungen vorzubeugen, sollten Sie beim Abwiegen dabei sein und gleich nach dem Preis fragen. Eisgekühltes Leitungswasser, *fisikó neró*, wird kostenlos auf den Tisch gestellt und kann überall bedenkenlos getrunken werden. Wer einfach nur Wasser, *neró*, ordert, muss jedoch damit rechnen, dass man ihm Mineralwasser serviert, das natürlich etwas kostet. Bier wird in Griechenland häufig wie Wein behandelt: Sie können auch eine Flasche mit mehreren Gläsern bestellen. Die griechischen Wei-

Ob im Schautresen oder direkt am Herd – die Wirte zeigen Ihnen vor der Bestellung gerne, was auf den Tisch kommen kann

ne sind zumeist einfache Tafelweine. Erst in den letzten Jahren hat man begonnen, auch Jahrgangsweine zu produzieren. Diese etwas besseren Weine tragen fast immer das Wort *cáva* (Keller) im Namen. Eine Spezialität Griechenlands ist der preiswerte *retsína,* ein mit dem Harz der Aleppokiefer versetzter Weißwein.

Feste Essenszeiten gibt es nur in modernen Restaurants in den Touristenzentren. Griechen gehen essen, wann sie wollen – durchgehend von 10 Uhr morgens bis zum späten Abend. Nur wenige Restaurants haben Ruhetage (wo dies verlässlich der Fall ist, sind sie in diesem Reiseführer angegeben) oder exakte Öffnungszeiten. Für den kleinen Hunger gibt es außerdem nicht nur eine stetig zunehmende Zahl moderner Snackbars amerikanischen Stils, sondern auch immer noch viele kleine Grillbuden, an denen Sie Gyros im Fladenbrot, griechische Bratwürste und *souvlákia,* kleine Fleischspieße, bestellen können. Eine Taverne ist dagegen ein traditionelles Speiselokal, ein Restaurant wiederum ein nach

SPEZIALITÄTEN

- **anthús** – mit Reis und Kräutern gefüllte Zucchiniblüten
- **arní** – Lammfleisch
- **bakaljáros fúrnu** – Stockfisch aus dem Backofen
- **bámjes** – Okraschoten
- **briám** – Ratatouille mit viel Auberginen
- **dolmadákja** – mit Reis und Kräutern gefüllte Weinblätter, meist kalt serviert
- **dolmádes** – mit Reis und Hackfleisch gefüllte, meist mit einer Ei-Zitronen-Sauce warm servierte Weinblätter (Foto li.)
- **Fassoláda** – Bohnensuppe
- **fáva** – Püree aus gelben Erbsen mit Olivenöl und Zwiebeln (Foto re.)
- **jemistés** – mit Reis und Hackfleisch gefüllte Tomaten, Paprikaschoten oder Auberginen
- **juvétsi** – überbackene, Reis ähnlich sehende Weizennudeln mit Rind- oder Lammfleisch
- **kakaviá** – die griechische Form der Bouillabaisse. Der Fisch wird nicht in der Suppe, sondern auf einem separaten Teller serviert
- **kefaláki** – am Spieß gegrillter Schafskopf
- **kokorétsi** – in Darm gewickelte, am Spieß gegrillte Innereien
- **lachanodolmádes** – kleine, meist mit Reis, ein wenig Hackfleisch und Kräutern gefüllte Kohlrouladen
- **marídes** – knusprig ausgebackene Sardellen, die man mit Haut und Gräten, Kopf und Schwanz verzehrt
- **mussaká** – Auflauf aus Auberginen, Hackfleisch und Béchamelsauce, manchmal auch zusätzlich mit Zucchini oder Kartoffeln
- **oktapódi** – Krake; gegrillt, als Ragout oder als Salat zubereitet
- **pastítsjo** – Nudelauflauf mit Béchamelsauce und Hackfleisch
- **patsária** – Rote Bete, kalt als Salat oder lauwarm serviert
- **revithókeftedes** – eine Art Reibekuchen aus Kichererbsenmehl
- **saïtja/spanakópitta** – mit Spinat gefüllte Blätterteigtaschen
- **skordaljá** – Kartoffelpüree mit viel Knoblauch
- **stifádo** – meistens Rind-, seltener Kaninchengulasch mit Zwiebelgemüse in einer mit Zimt, Nelken und Piment gewürzten Sauce
- **supjés** – Sepia (eine Art Kalamares)

ESSEN & TRINKEN

westlichen Vorbildern gestaltetes Lokal. Die Grenzen sind aber fließend.

Haben Sie Platz genommen, bringt der Kellner unaufgefordert einen Korb Weißbrot, das Sie auch dann bezahlen müssen, wenn Sie nichts davon essen, sowie kleine Papierservietten und meist billige Blechbestecke. Nur in Restaurants, die auf den Touristengeschmack eingerichtet sind, gibt es Stoffservietten, -tischdecken und Kerzenlicht.

Für die Griechen ist das Essen vor allem ein geselliges Ereignis. Meist geht man mit der Familie und mit Freunden aus; allein essende Pärchen sind selten. Entsprechend sind auch die Tischsitten: Keiner bestellt nur für sich, alle Teller gehören allen. Jeder nimmt sich, wovon er möchte.

Ein traditioneller griechischer Lokaltyp sind die meist nur abends geöffneten Ouzerien. Sie werden auch *tsipurádika* oder *mezedopolía* genannt. Die meisten Einheimischen trinken hier kleine Karaffen oder Fläschchen des Nationalgetränks Ouzo, eines Anisschnapses. Fast ebenso beliebt ist als Tischgetränk der *tsípuro*, ein aus Traubenrückständen destillierter Tresterschnaps. Er stammt meist von der Insel Kreta, wo er auch *rakí* genannt wird. Aber natürlich serviert man Ihnen auch in diesem Lokaltypen Wein, Bier und Soft Drinks. Dazu werden Oktopus, Fisch- und Fleischgerichte, Salate, Oliven, Gurken und Tomaten serviert. Im Unterschied zu anderen Lokalen bestellt man hier von vielem wenig. Sie können die Auswahl auch dem Wirt überlassen und einfach *pikilía* oder *mezédes* (gemischte Vorspeisenplatten) ordern – vergleichbar der spanischen Tradition der Tapas.

Griechische Kaffeehäuser sind Treffpunkte der Männerwelt. Jedes Dorf hat mindestens ein solches *kafeníon*, meist gleich mehrere *kafenía*. Man sitzt beieinander, um über Gott und die Welt zu reden, um *távli*, Karten oder Dame zu spielen.

Wer Kaffee bestellt, muss immer sagen, wie er ihn wünscht. Beim griechischen Kaffee wird nämlich das Wasser zusammen mit dem Kaffeepulver und dem Zucker aufgekocht. *Kafé ellinikó* gibt es in vielen Varianten: *skétto*, ohne Zucker; *métrio*, mit etwas Zucker; *glikó*, mit viel Zucker; *dipló*, als doppelte Portion. Löslichen Kaffee bestellt man grundsätzlich als *neskafé* – entweder *sestó*, heiß, oder *frappé*, kalt mit Eiswürfeln. Am besten sagen Sie auch hier den gewünschten Süßegrad dazu. Kuchen und Torten werden in Kaffeehäusern fast nie angeboten. Sie sind die Domäne der *zacharoplastía*, der Konditoreien. Sie bieten leider meist keine Sitzgelegenheiten, da die Griechen Süßes am liebsten zu Hause genießen.

Griechisches Urlaubsvergnügen: essen unter freiem Himmel

EINKAUFEN

Weil auf dem Peloponnes viele Griechen und Kulturreisende unterwegs sind, hat Massenware aus Fernost hier nur wenige Chancen. Viele Souvenirs haben einen eindeutigen Bezug zur Region und deren Geschichte. Was zum Mitnehmen zu groß ist, wird per Fracht nach Hause geliefert. Zeit zum Einkaufen ist in den Badeorten und viel besuchten Bergdörfern den ganzen Tag über bis abends gegen 22 Uhr. Die Geschäfte in den Städten haben von Provinz zu Provinz leicht unterschiedliche Öffnungszeiten. In der Regel sind sie montags bis samstags von etwa 9–14 Uhr sowie dienstags, donnerstags und freitags auch von etwa 17–20 Uhr für ihre Kunden da.

ANTIKES

Kopien antiker Kunstwerke vom kleinen Schmuckstück bis zur lebensgroßen Menschen- oder Stierstatue sind die Spezialität der Händler in Mykene, Alt-Korinth und Olympia. Beim Bemalen von Vasen nach antiken Vorbildern können Sie in Alt-Korinth sogar zusehen.

ANTIQUITÄTEN

Trödel und Antiquitäten aller Art werden vor allem in Nauplia angeboten. Ein exzellentes Antiquitätengeschäft gibt es auch an der Uferstraße von Gíthio, wo wegen der Nähe zur Máni mit ihrer kriegerischen Vergangenheit auch viele historische Waffen im Angebot sind.

BÜCHER & MUSIK

Die größte Auswahl an fremdsprachiger Griechenlandliteratur und griechischer Musik finden Sie bei bester Beratung in Olympia im Geschäft *L'Orphée* an der Hauptstraße. Übersetzungen antiker Dramen in Reclam-Ausgaben hält der Buchladen an der *Platía Syntagmátos* in Nauplia für alle Besucher des Theaterfestivals in Epidaurus bereit.

HOLZ

Aus Holz Geschnitztes wie Hirtenstäbe, Salatbestecke und Schüsseln finden Sie vor allem in Bergdörfern wie Vitína. Schnitzereien aus Olivenholz gelten als besonders wertvoll.

KERAMIK

Landestypische Gebrauchskeramik wird von vielen Töpfereien entlang der Nationalstraße zwischen Pírgos und Patras

Kopien antiker Kunst, modernes Kunsthandwerk und Köstliches für Küche und Keller, aber auch Mode und Schmuck sind angesagt

sowie an der Straße von Gastoúni nach Vartholomío angeboten. Besonders liebevoll gestaltet ist das Keramikgeschäft *Museum Nicolas* in Kástro.

KULINARISCHES

Überall auf dem Peloponnes wird erstklassiges Olivenöl angeboten. Als besonders fein gelten die Öle aus Messenien, die man dort bei verschiedenen Bioproduzenten auch verkosten kann. Als Speiseoliven sind die auch noch am Flughafen in Dosen erhältlichen Oliven aus Kalamáta die berühmtesten – im Sicherheitsbereich des Airports eingekauft, kann man sie ebenso wie alle anderen Flüssigkeiten auch im Handgepäck mit nach Hause nehmen. In vielen Bergdörfern kaufen griechische Urlauber handgemachte Nudeln aller Art ein. Besonders begehrt sind die *chilopittes,* winzige Pastablättchen, die man nur zwei Minuten in kochendes Wasser gibt und dann ohne Flamme quellen lässt. Die Bergdörfer sind auch gute Bezugsquellen für getrocknete Kräuter und für farbenfroh in schöne Gläser eingelegte Früchte, Nüsse und Gemüse in Zuckersirup, die so genannten *gliká tou koutalioú.*

MODE

Besonders angenehm für einen Einkaufsbummel in Sachen Damenmode ist Nauplia, weil hier viele gute Geschäfte auf engem Raum zu finden sind. Ein ähnlich breites Angebot finden Sie in Patras, das zugleich das Einkaufsziel für alle mit einem Faible für schöne Schuhe ist.

SCHMUCK

Silber- und Goldschmiede, die ihre Ware noch selbst fertigen, sind vor allem in Nauplia versammelt. Im Bergdorf Stemnítsa haben sich einige Absolventen der dortigen Silberschmiedeschule als Schmuckkünstler niedergelassen.

DIE PERFEKTE ROUTE

AUFTAKT NACH MASS
Vom Athener Flughafen führt Sie die Autobahn über den Kanal von Korinth ins kleine Dorf ❶ *Archéa Kórinthos* → S. 34, das in der Antike eine Weltstadt war. Am nächsten Morgen kommen Sie ins Winzerdorf ❷ *Neméa* → S. 38 mit dem besterhaltenen antiken Stadion des Peloponnes und vielen kleinen Weinkellereien. Danach steht das mythenumwobene ❸ *Mykene* → S. 56 (Foto u. re.) auf Ihrem Programm, wo die erste Hochkultur des europäischen Kontinents ihren Ursprung nahm.

ROMANTIK UND THEATER
Die Kleinstadt ❹ *Nauplia* → S. 45 gilt als eine der schönsten des ganzen Landes. Bummeln Sie zwischen Burgen und Meer durch historische Gassen voller Tavernen (Foto li.) und baden Sie am stadtnahen Strand. Ein Halbtagesausflug führt Sie nach ❺ *Epidavros* → S. 53 mit seinem immer noch bespielten antiken Theater.

FESTUNGEN UND STRÄNDE
Erst am Meer entlang und dann über hohe Berge führt Ihre Fahrt zur Geisterstadt ❻ *Geráki* → S. 94 und nach ❼ *Monemvassía* → S. 90, einer der schönsten Festungsstädte an der Ägäis. Im äußersten Süden des Peloponnes träumt die kleine Insel ❽ *Elafónissos* → S. 91 vor sich hin, wo Sie einer der längsten und feinsandigsten Strände Griechenlands erwartet.

VERGANGENE GRÖSSE
In ❾ *Gíthio* → S. 80, dem Tor zur Máni, bestimmen Fischtavernen und -kutter das Flair der Uferfront. Zwischen lieblichen Orangen- und Olivenhainen eingebettet präsentiert sich hingegen das moderne Städtchen ❿ *Sparta* → S. 92 mit der nur 6 km entfernten mittelalterlichen Geisterstadt Mistrás. Dort sehen Sie die Ruinen byzantinischer Kirchen, Klöster und Paläste. Auf grandioser Gebirgsstraße erreichen Sie schließlich die Stadt ⓫ *Kalamáta* → S. 82 am Messenischen Golf.

LIEBLICHE LANDSCHAFTEN
Im messenischen Hinterland legen Archäologen die antike Großstadt ⓬ *Messíni* → S. 86 frei, die zu einer der interessantesten archäologischen Stätten des Landes wurde. An der Küste geht es dann weiter durch grüne Küstenstriche ins Fischerdorf ⓭ *Koróni* → S. 87 und dann nach ⓮ *Methóni* → S. 88 mit der weitläufigsten

www.marcopolo.de/peloponnes

Erleben Sie die vielfältigen Facetten des Peloponnes auf einer Rundfahrt zu historischen Stätten und traumhaften Sandstränden

venezianischen Küstenfestung des Peloponnes. Traumhaft schön ist die Bucht von Navarino mit der Kleinstadt ⑮ *Pílos* → S. 88 als Zentrum, langen Stränden samt Dünen und einzigartiger Fauna.

VIELSEITIGER NORDWESTEN

In den Ausgrabungen des antiken ⑯ *Olympia* → S. 61 entflammt noch immer die Olympische Flamme. Vier Museen und eine parkhafte archäologische Stätte erwarten Sie hier. Von der Kreuzritterfestung Chlemoútsi aus überblicken Sie weite Teile des Peloponnes. Anschließend fahren Sie nach ⑰ *Kalógria* → S. 42 mit seinem menschenleeren Sandstrand vor einem herrlichen Küstenwald. Die Hafenstadt ⑱ *Patras* → S. 39 bietet Ihnen dann die Gelegenheit, sich wieder an Alltagshektik zu gewöhnen, der sie im Bergstädtchen ⑲ *Kalávrita* → S. 42 trotz vieler Erinnerungen an ein dunkles Kapitel der deutsch-griechischen Geschichte noch einmal ganz entfliehen können.

1050 km. Reine Fahrzeit ca. 24 Stunden. Empfohlene Reisedauer: 12–14 Tage Detaillierter Routenverlauf auf dem hinteren Umschlag, im Reiseatlas sowie in der Faltkarte

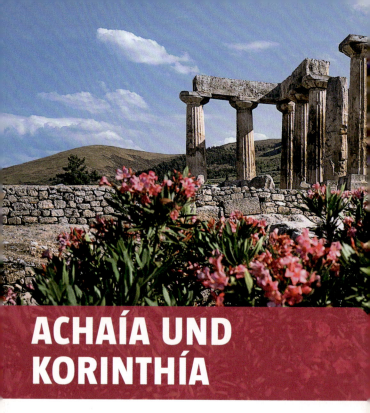

ACHAÍA UND KORINTHÍA

Achaía und Korinthía heißen die beiden nördlichen Regierungsbezirke des Peloponnes. Die zwei größten Städte der Halbinsel, Patras und Korinth, sind auch ihre Verwaltungsmetropolen.

Schön sind beide Städte nicht. Sie haben keine alten Zentren; Abgase und Lärm erschweren das Atmen und Schlafen. Einen Kurzbesuch lohnen sie trotzdem: Korinth wegen seiner Ausgrabungen, Patras wegen seiner Geschäfte.

Reizvoll ist die Landschaft in beiden Regionen. Küstenstädte und -dörfer sind dem Festland zugewandt, dessen hohe Berge jenseits des Korinthischen und Paträischen Golfs fast immer zu sehen sind. Achaía besitzt große Küstenebenen, in Korinthía zwängen sie sich zwischen Berge und Golf. Zum Baden ist dieser Golf allerdings kaum geeignet: Er gehört zu den wenigen griechischen Gewässern, die arg mit Schadstoffen belastet sind.

Ein Erlebnis sind Abstecher in die Bergwelt der beiden Provinzen. Im Hinterland von Patras ragen die bis Mai schneebedeckten Gipfel bis auf knapp 2000 m Höhe über dem Meer auf, bei Kalávrita steigt das Aroániagebirge sogar auf 2341 m an. In den Bergen erwarten Sie beeindruckende Schluchten, schöne Höhlen und fruchtbare Hochebenen, historisch bedeutsame Klöster, Kirchen und antike Stätten.

KORINTH

(128 B3) *(M L2)* **Korinth** (Kórinthos, 30 000 Ew.) ist eine neue, weitgehend

Bild: Apollotempel in Alt-Korinth

An Patras und Korinth führt kein Weg vorbei – doch das Hinterland mit Bergen, Schluchten und Hochebenen ist reizvoller als die Küste

gesichtslose Stadt, weil zwei schwere Erdbeben 1858 und 1928 nahezu die gesamte historische Bausubstanz vernichtet haben.

Schön ist nur die große Platía am Hafen mit Blick auf die gegenüberliegende Küste. Wer den Stadtverkehr meiden will, steuert auf der Schnellstraße nach Archéa Kórinthos die antiken Stätten an. Die sehr kleinen, dunklen und kernlosen Rosinen, die nach der Stadt benannt sind, werden heute vor allem in Messenien angebaut und über Kalamáta verschifft. In der Gegend um Korinth produziert man heute hingegen überwiegend Sultaninen, die ebenfalls kernlos, aber deutlich größer und heller sind.

SEHENSWERTES

AKROKORINTH ✼

Aus der Küstenebene von Korinth erhebt sich ein mächtiger, 575 m hoher Fels, auf dem die Mauern und Zinnen einer weitläufigen Burganlage zu erkennen sind. Sie stammen aus fränkisch-byzantini-

KORINTH

Hirtengott Pan: römisches Fußbodenmosaik im Archäologischen Museum

scher, venezianischer und türkischer Zeit und sind teilweise auf Quaderreihen aus der Antike errichtet. Der einzige Zugang im Westen der Festung ist durch einen dreifachen Mauerring mit drei Toren besonders stark gesichert. In der Antike standen in Akrokorinth mehrere Tempel, von denen heute jedoch keine nennenswerten Spuren mehr erhalten sind. Auf dem höchsten Punkt des Felsens wurde der Liebesgöttin Aphrodite gehuldigt. Zwei Stunden sollten Sie für einen Rundgang unbedingt veranschlagen, es lässt sich aber auch gut noch mehr Zeit hier oben verbringen. Der Fernblick ist grandios, im Spätwinter bis in den Frühsommer hinein blühen Abertausende von Wildblumen, Besucher sind rar, die Stille die Sinne betäubend. *Asphaltierte Zufahrt vom 3 km entfernten Alt-Korinth aus beschildert | Di–So 8–19, im Winter 8–14.30 Uhr | Eintritt frei*

ALT-KORINTH (ARCHÉA KÓRINTHOS) ★
KARTE AUF SEITE 134

Das ländlich und beschaulich gebliebene Dorf am Stadtrand von Korinth grenzt unmittelbar an die Ausgrabungen der antiken Stadt, die bereits im 8. Jh. v. Chr. eines der bedeutendsten Gemeinwesen Griechenlands war. Ihr großer Vorteil war die Nähe zweier geschützter Landeplätze: am Saronischen und am Korinthischen Golf, also sowohl dem Westen als auch dem Osten der antiken Welt zugewandt.

146 v. Chr. wurde das alte Korinth von den Römern dem Erdboden gleichgemacht, weil die Korinther sich gegen Rom gestellt hatten. Deswegen sind im Ausgrabungsgelände heute auch kaum Spuren aus der griechischen Antike erhalten. Erst 100 Jahre später gründete Cäsar die Stadt neu. Als der Apostel Paulus sie ihrer großen jüdischen Gemeinde we-

ACHAÍA UND KORINTHÍA

gen im Jahr 51 oder 52 besuchte, war sie bereits wieder eine blühende Großstadt. Erdbeben in den Jahren 375 und 551 zerstörten auch sie.

Archäologen haben seit 1892 das Stadtzentrum mit seinen Tempeln, Markthallen und Brunnen freigelegt. Schon auf dem Weg vom Eingang der Ausgrabungsstätte zum Museum sehen Sie links einen gewaltigen Felsblock mit eingearbeiteten Brunnenkammern, die *Glauke-Quelle*. Dahinter erheben sich die sieben noch aufrecht stehenden dorischen Säulen des *Apollo-Tempels*. Jede ist monolithisch, also aus einem Stück gearbeitet, und beeindruckt durch harmonische Proportionen. Ursprünglich umgaben den um 550 v. Chr. errichteten Tempel 38 solcher Säulen.

Unmittelbar am Museum steht der *Octavia-Tempel* mit drei deutlich andersartigen Säulen. Sie sind aus Säulentrommeln zusammengesetzt und mit einem verspielten korinthischen Kapitell bekrönt. Ihnen fehlt die würdevolle Strenge der Säulen des Apollo-Tempels. Der Bau ist ja auch 600 Jahre jünger und stammt aus römischer Zeit.

Besonders interessant im *Archäologischen Museum* sind die zahlreichen Vasen im zweiten der drei Säle. Die Übernahme orientalischer Formen und Motive im 7. Jh. v. Chr. ist gut zu erkennen. Typisch sind die Darstellung von Tieren und Fabelwesen und die Füllung der Zwischenräume mit Ornamenten wie Blatt- und Klecksrosetten in der Zeit um 600 v. Chr. Schön sind auch die römischen Fußbodenmosaike an den Wänden des dritten Saals (1./2. Jh. n. Chr.).

Nach dem Museumsbesuch betreten Sie über eine Treppe die *agorá*, den Marktplatz der antiken Stadt. Ihn säumten weitere Tempel, Säulenhallen mit Geschäften und öffentliche Gebäude wie Gericht und Stadtarchiv. Im Zentrum des Platzes ist eine auf die *agorá* vorspringende Terrasse als *bema* markiert. Von dieser Rednertribüne aus soll der Apostel Paulus zu den Korinthern gesprochen haben.

Etwa 30 m südlich der *bema* begrenzte eine 165 m lange Säulenhalle den Marktplatz. Deutlich erkennbar sind 33 zweigeteilte Räume. In den vorderen sind Brunnenschächte zu sehen, die sie als Marktschänken ausweisen: In ihnen wurden Getränke kühl gehalten.

Auf der gegenüberliegenden Seite der *agorá* führen Treppen auf die mit Marmor gepflasterte *Lechaion-Straße* hinunter. Sie verband das Zentrum der Stadt mit dem Hafen am Korinthischen Golf und führt heute zum Ausgang des Grabungsgeländes. Gleich rechts der Treppen sind die immer noch eindrucksvollen

MARCO POLO HIGHLIGHTS

★ **Alt-Korinth**
Hier ist ein Bummel durch die Antike Pflicht → S. 34

★ **Kanal von Korinth**
Von weit oben auf die Schiffe schauen → S. 37

★ **Neméa**
Das beste antike Stadion und guter Wein → S. 38

★ **Zahnradbahn**
Eindrucksvolle Fahrt durch die wilde Schlucht des Vouraíkos → S. 41

★ **Kalógria**
Feiner Sand und ein Naturparadies → S. 42

★ **Kloster Méga Spíleo**
Über sieben Etagen mit dem Fels verwachsen → S. 43

KORINTH

Überreste der schönsten Brunnenanlage Korinths zu sehen, des *Peirene-Brunnens* aus dem 2. Jh.

Gehen Sie nach dem Verlassen des Grabungsgeländes zu dessen Eingang zurück, sind rechts der Straße die Reste des *römischen Odeons* zu sehen, eines überdachten Musiktheaters. Unterhalb davon schließen sich die Ränge des gro- ßen *Theaters* an, das mehr als 15 000 Zuschauern Platz bot. *Tgl. 8–19.30, im Winter bis 15 Uhr | Eintritt inkl. Museum 6 Euro*

vorübergehende Schließung nicht ausgeschlossen

ESSEN & TRINKEN

GÉMELOS ●
Mit alten Waffen und Ziegenglocken dekorierte Taverne, Dachterrasse direkt am Rand der Ausgrabungen. Freundlicher Service, ausgezeichnetes Gyros. *Alt-Korinth Dorfplatz | €*

An den mittleren Schöpfbecken des Peirene-Brunnens sind Spuren von Wandmalereien erhalten

INSIDER TIPP ▶ HISTORISCH-VOLKSKUNDLICHES MUSEUM
Modern gestaltete Präsentation von Trachten, Kunsthandwerk und Wohnformen. *Neu-Korinth Odós Ermú | Platz am Hafen | Di–So 8.30–13.30 Uhr | 2 Euro | wegen Geldmangels wird eine*

MARÍNOS ☼
Moderne Taverne mit Aussichtsterrasse, gutem Eis, im heimischen Backofen zubereiteten Gerichten und einem stets eiskalten Bier. *Alt-Korinth Platía | €€*

TASOS
Einfache, schattige Taverne alten Stils mit exzellenter Hausmannskost in Alt-

ACHAÍA UND KORINTHÍA

Korinth. *Nahe der Platía an der Dorfstraße nach Korinth | €*

EINKAUFEN

INSIDER TIPP ▶ EXEKÍAS

Aus dem Rahmen fällt dieses Atelier, dessen Eigentümer oft vor der Treppe seiner Werkstatt sitzt und antike Vasen korinthischen Stils kopiert. *Platía von Alt-Korinth*

STRÄNDE

Das Wasser ist sowohl im Korinthischen als auch im Saronischen Golf stark verschmutzt; die Strände sind schmal und überfüllt.

AM ABEND

Das Leben der Korinther konzentriert sich am Abend auf die Platía am Meer. In Alt-Korinth sitzen Sie auf der ❄ Terrasse des *Themis Place* an der Platía mit Panoramablick besonders schön.

ÜBERNACHTEN

Die Hotels in der modernen Stadt liegen an verkehrsreichen Hauptstraßen. Besser wohnt man in den kleinen Pensionen in Alt-Korinth.

INSIDER TIPP ▶ MARÍNOS

Einfache, klimatisierte Zimmer über einer Taverne. Mit prächtigem Garten. *20 Zi. | an der Straße nach Árgos | Tel. 27 41 03 11 80 | www.marinos-rooms.com | €€*

NIKOS STUDIOS

Níkos und Thanássis, die Wirte der Taverne Gémelos an der Platía, vermieten am oberen Dorfrand fünf geräumige, modern möblierte Studios für bis zu vier Personen. *Kontakt über die Taverne | Tel. 27 41 03 13 61 | www.ancientcorinth.com | €*

SHADOW-SKÍA

Moderne, sehr saubere Pension mit 14 Zimmern und freundlichem, gut Englisch sprechendem Wirt. *Am Ortsausgang an der beschilderten Straße von der Platía nach Korinth, 1 km von den Ausgrabungen | Tel. 27 41 03 14 81 | €*

ZIELE IN DER UMGEBUNG

ISTHMÍA (128 C3) (*M2*)

Vom alten Poseidon-Heiligtum in Isthmía mit dem Theater und dem Stadion, in dem seit 582 v. Chr. alle zwei Jahre die Isthmischen Spiele stattfanden, ist nichts Nennenswertes mehr zu sehen. Für Kunstinteressierte lohnt die Fahrt (knapp 10 km von Korinth) wegen des *Museums (ab Kanal von Korinth ausgeschildert, zzt. Di–So 8.30–15 Uhr | 2 Euro | Tel. 27 41 03 72 44):* Hier sind mehrere gut erhaltene Darstellungen aus in Gips eingelegten, farbigen Glasplättchen und Steinen zu sehen, die als Wandschmuck gedacht waren und wie Gemälde wirken. Sie zeigen eine farbenfrohe Nillandschaft, eine Küstenlandschaft mit Schiffen, Tempeln und Häusern, Plato und Homer.

KANAL VON KORINTH ★
(128 B–C3) (*M2*)

Wer den Peloponnes auf dem Landweg ansteuert, muss den Kanal von Korinth auf der Eisenbahn- oder Straßenbrücke überqueren. Beide überspannen die 6 km lange Wasserstraße in 45 m Höhe. An der Wasseroberfläche ist der 8 m tiefe Kanal gut 24, am Kanalbett 21 m schmal. Die Felswände an seinem Rand steigen bis zu 76 m hoch auf. Der Kanal verbindet seit 1893 den Saronischen mit dem Korinthischen Golf und erspart Schiffen auf dem Weg vom Ägäischen ins Ionische

KORINTH

Meer oder umgekehrt eine Tagesreise um den Peloponnes.

Auf der Südseite des Kanals wird die Straße nach Korinth von zahlreichen Restaurants gesäumt, deren Spezialität kleine Fleischspieße sind. Ebenso interessant ist es, sich im *Café Isthmia (2 km von der Kanalbrücke, nach der Brücke dem Wegweiser nach links Richtung Isthmía folgen)* an der östlichen Kanaleinfahrt niederzulassen: Hier kommen die INSIDERTIPP großen Schiffe so nah vorbei, dass man meint, sie berühren zu können. Hier starten auch mehrmals wöchentlich ● Dampferfahrten durch den Kanal *(Auskunft über Termine Tel. 27 41 03 08 80 und 69 42 01 36 85 | 20 Euro)*.

NEMÉA ⭐ (128 A4) (*m L3*)

Das moderne, vom Ortsbild her eher reizlose Neméa 30 km von Korinth ist ein bedeutendes Weindorf. Nemeische Weine werden an zahlreichen Ständen an der Landstraße zwischen Korinth und Mykene verkauft, und in Neméa findet am letzten August- oder ersten Septemberwochenende ein Weinfest statt. Ganzjährig können Sie mehrere Weinkellereien besuchen. Am besten auf Besucher eingestellt sind die *Kellerei Bairaktári* am Ortsrand des modernen Neméa *(an der Straße Richtung Trípoli | www.bairactaris wines.gr)* und die sehr viel stimmungsvollere ● *Kellerei Palývou (www.palivos.gr)* am Ortsausgang von Archéa Neméa Richtung modernes Neméa, wo Sie auch den in Griechenland traditionell zum Backen und Kochen geschätzten Traubensirup *petimézi* erwerben können.

Am Rand des Dorfes *Archéa Neméa (ausgeschildert mit Ancient Neméa, 5 km vor Neméa an der Straße von Korinth)* stehen die sehenswerten Überreste eines antiken Zeus-Tempels. Vorbildlich gestaltet ist das *Museum,* das man am besten zuerst besucht. Mehrere Modelle des Heiligtums sowie bemalte Architekturfragmente und die Teilrekonstruktion des Tempeldachs erleichtern eine Vorstellung vom einstigen Aussehen Alt-Neméas. In der Antike fanden in Neméa jeweils ein Jahr vor den Olympischen Spielen panhellenische Wettkämpfe statt.

Das antike Stadion wurde mittlerweile hervorragend restauriert, so dass Sie hier einen viel besseren Eindruck seines einstigen Aussehens gewinnen als etwa im wesentlich bekannteren Olympia. Zusätzlich steht ein schönes Modell des antiken Stadions im Museum. *Ausgrabungen tgl. 8.30–15 Uhr, 3 Euro | Museum Di–So 8.30–15 Uhr, 3 Euro | Kombiticket Museum und Ausgrabungen 4 Euro*

STIMFALÍA (STÍMFALOS)
(128 A3) (*m K2–3*)

Eine antike Sage erzählt von den Stymphalischen Vögeln: Diese Menschen fressenden, übel riechenden Riesenvögel hatten eiserne Federn, die sie wie Pfeile abschießen konnten. Sie zu töten war die fünfte der zwölf Aufgaben des Herakles. Heute ist der Stymphalische See ein Naturparadies. Er liegt rund 60 km westlich von Korinth in 590 m Höhe auf einer Hochebene und hat keinen überirdischen Abfluss. Am Ortsausgang Richtung Kastanéa liegen links die eindrucksvollen Ruinen eines Zisterzienserklosters aus dem 13. Jh. und kurz dahinter das ☺ INSIDERTIPP Umweltmuseum von Stimfalía. Die Möglichkeiten einer harmonischen Koexistenz zwischen Mensch und Natur in dieser Region stehen im Mittelpunkt der Ausstellung, die sich gleichermaßen mit Fauna, Flora und Geologie wie mit Geschichte und menschlichen Tätigkeiten beschäftigt *(Tel. 27 47 02 22 96 | www.piop.gr | Mi–Mo 10–18, 16.10.–Feb. nur bis 17 Uhr | 3 Euro)*.

ACHAÍA UND KORINTHÍA

Am Ortsrand von Stimfalía liegt die Ruine des Zisterzienserklosters aus dem 13. Jh.

Zwischen den Ruinen, dem See und dem von hier schon gut zu erkennenden Akrópolis-Hügel legen kanadische Archäologen die Überreste einer Stadt aus dem 4. Jh. v. Chr. frei. Übernachten können Sie im einfachen *Hotel Stymphalia (9 Zi. | Tel. 27 95 02 20 72 | €).*

PATRAS (PÁTRA)

KARTE IM HINTEREN UMSCHLAG (126 C2) (*H–J1*) **Patras (164 000 Ew.), 2006 Kulturhauptstadt Europas, ist Griechenlands wichtigster Hafen im Fährverkehr mit Italien und die größte Stadt des Peloponnes.**

Vor der Kulisse des 1926 m hohen Panachaikógebirges breitet sie sich im Angesicht des griechischen Festlands über viele Kilometer entlang des Meers und an den Hängen mehrerer Hügel aus. Weniger schön als die Lage ist allerdings das ständige Verkehrschaos in den engen Straßen der Stadt. Wer nicht wegen eines Kulturevents kommt, übernachtet deshalb besser anderswo und widmet Patras nur ein paar Stunden.

Wenn Sie Ihren Rundgang an der Kathedrale beginnen, gehen Sie am Ufer entlang zum klassizistischen Bahnhof und steigen dann über die *Platía Alónia* zum Odeion und zur Akropolis hinauf.

> **WOHIN ZUERST?**
> Der **Busbahnhof (U C3)** (*c3*) von Patras liegt am Ufer etwa 200 m östlich von Bahnhof und Stadtzentrum. Die besten Parkmöglichkeiten finden Sie an der Uferstraße westlich von Fischereihafen und Kathedrale Ágios Andréas. Sowohl von der Kathedrale als auch vom Busbahnhof aus erreichen Sie alle Sehenswürdigkeiten mit Ausnahme des Archäologischen Museums und der römischen Brücke gut zu Fuß.

38 | 39

PATRAS (PÁTRA)

Der Rückweg erfolgt über die stufenreiche Gasse *Gerokostopoúlu* zur *Platía Vas. Georgíou A'* zurück zum Hafen. Beginnen Sie Ihren Rundgang am Busbahnhof, gehen Sie zunächst am Ufer entlang bis zur Kathedrale und steigen von dort in die Oberstadt hinauf.

SEHENSWERTES

ACHAIA CLAUSS (0) (0)
Die Weinkellerei, eine der größten und ältesten des Landes, wurde von deutschen Einwanderern gegründet, die mit König Otto I. nach Griechenland kamen. *Am Stadtrand | Bus 7 ab Touristinfo | tgl. 11–17 Uhr | www.greekwinemakers.com*

Hafen. *Burg Di–So 8.30–15 Uhr | Eintritt frei*

ARCHÄOLOGISCHES MUSEUM
(U C3) (*c3*)
Römische Statuen, antike Mosaike und mykenische Keramik sind in dem modernen Museumsgebäude zu sehen. Didaktisch klug gestaltet ist auch die Darstellung verschiedenster antiker Begräbnisformen im zweiten großen Saal. *Stadtbuslinie 6 | Platía Olgas | Di–So 8.30–15 Uhr | Eintritt frei*

Gemütliche Bar am Odós Gerokostopoúlu in Patras

AKRÓPOLIS ✿
(U D–E 4–5) (*d–e 4–5*)
An der Stelle der antiken Akrópolis erstreckt sich heute ein schöner Park mit den Überresten einer mittelalterlichen Burg. Reizvoll ist der Blick auf Stadt und

KATHEDRALE ÁGIOS ANDRÉAS
(U A6) (*a6*)
Die große Kirche birgt als Reliquie den Schädel des Apostels Andreas. Ihr Innenraum ist fast vollständig mit neuen Wandmalereien im traditionellen byzantinischen Stil ausgestattet. Äußerst fotogen sind die zahlreichen kleinen Kuppeln um die schlanke, sehr hohe Zentralkuppel. *Odós Agíou Andréou 199 | tgl. ca. 7–20 Uhr*

www.marcopolo.de/peloponnes

ACHAÍA UND KORINTHÍA

ODEION (U C–D5) (*m c–d5*)
Kleines Theater aus römischer Zeit, das heute noch insbesondere für Konzerte genutzt wird. *Odós Germanoú | Di–So 8.30–15 Uhr*

RÖMISCHE BRÜCKE (0) (*m 0*)
In den 1980er Jahren legten Archäologen eine zweibogige römische Brücke frei, die vom 4.–6. Jh. in Gebrauch war. Sie ist 21 m lang und 4,25 m breit, ihre gepflasterte Fahrbahn liegt auf dem heutigen Straßenniveau. *500 m östlich vom Archäologischen Museum | Néa Ethnikí Odós | frei einsehbar*

ESSEN & TRINKEN

INSIDER TIPP ÁNGYRA (U A5) (*m a5*)
Moderne Fischtaverne mit großer Terrasse am Fischereihafen direkt gegenüber vom Leuchtturm. €€€

APÉRITTO (U C4) (*m c4*)
Schlichte, aber nett gestaltete Taverne mit vielen preiswerten traditionellen Gerichten, im Winterhalbjahr freitags am Abend und samstags mittags und abends griechische Live-Musik. *Odós Agíu Nikoláou 73 | tgl. ab 12 Uhr | €*

EINKAUFEN

Die Haupteinkaufsstraßen von Patras sind *Ríga Feréou*, *Mezónos* und *Korínthou* zwischen *Platía Ólgas* und *Platía Georgíou*.

STRÄNDE

Der Stadtbus 1 fährt vom Zentrum aus zum Strand *Plaz* (nördlich der Stadt gelegen), wo man am Kieselsteinstrand mit wundervollem Blick auf die bildschöne Hängebrücke von Río *(siehe S. 43)* badet.

AM ABEND

Treffpunkte sind die Straßencafés auf den beiden großen Hauptplätzen und an der stufenreichen *Odós Gerokostopoúlu* (U C5) (*m c5*).

ÜBERNACHTEN

INSIDER TIPP GALAXY (U C4) (*m c4*)
Nahe des Hafens und Bahnhofs; sehr freundlich. Eine Bar und ein Restaurant sind im Haus. *53 Zi. | Odós Agíu Nikoláou 9 | Fußgängerzone | Tel. 2610 275981 | www.galaxyhotel.com.gr | €€*

PLIMARÓLIA ART HOTEL (U B4) (*m b4*)
Das Hotel in einer Villa aus den Dreißigerjahren zählt zu den besten Griechenlands. Designermöbel und zeitgenössische Originalkunstwerke prägen seinen Charakter. *14 Zi. | Odós Othónos Amalías 33 | Tel. 2610 624900 | www.arthotel.gr | €€€*

AUSKUNFT

Sehr hilfsbereit, außerdem kostenlose Internetnutzung und ● kostenloser Verleih von Fahrrädern für mehrstündige City-Touren. *Odós Agíu Andréou 12 | Tel. 2610 461740 | www.infocenterpatras.gr*

ZIELE IN DER UMGEBUNG

DIAKOPTÓ UND VOURAIKÓS-SCHLUCHT (127 D–E2) (*m J–K 1–2*)
Das Dorf vor schöner Bergkulisse 55 km östlich am Korinthischen Golf hat nur eine Attraktion: seinen Bahnhof. Von hier startet die 2008 modernisierte ★ Zahnradbahn zu ihrer 22 km langen, etwa einstündigen Fahrt *(Rückfahrkarte 9,50 Euro | www.trainose.gr)* über *Méga Spíleo* (von der Station der Zahnradbahn

PATRAS (PÁTRA)

aus ca. 40 Minuten Gehzeit) ins 735 m hoch gelegene *Kalávrita*. Die Spurweite beträgt nur 75 cm; auf dem steilsten Stück klettert der Zug auf jeweils 7 m Strecke 1 m in die Höhe. Die Fahrt führt durch die wilde, durch keinen Weg erschlossene *Schlucht des Vouraikós*, der Zug überquert den Fluss ein Dutzend Mal.

In Bahnhofsnähe liegt ruhig das gepflegte INSIDER TIPP *Hotel Chris-Paul (27 Zi. | Weg ausgeschildert | unbedingt reservieren, Tel. 26 91 04 17 15 | www.chrispaul-hotel.gr | €€)* mit Swimmingpool.

KALÁVRITA (127 D3) (*J2*)

Die Kleinstadt (1750 Ew.) liegt 75 km südöstlich von Patras auf 735 m Höhe am Rand eines Gebirgstals in einer äußerst friedlich wirkenden Umgebung. Zu sehen gibt es jedoch Denkmäler, die an Krieg und Mord erinnern. Im 7 km außerhalb gelegenen *Kloster Agía Lávra (tgl. 9.30–13.30, 16–17 und 18–19.30 Uhr)* rief Bischof Germanos von Patras am 25. März 1821 zum Befreiungskampf gegen die Türken auf; die alte Klosterkirche ist dadurch zu einem Nationaldenkmal geworden.

Am Stadtrand erinnert eine eindrucksvolle Gedenkstätte an den 13. Dezember 1943: Partisanen hatten 78 deutsche Soldaten gefangen genommen und später ermordet. Daraufhin brannten deutsche Truppen 25 Dörfer in der Region nieder und trieben alle männlichen Bewohner Kalávritas, die älter als 14 Jahre waren, zusammen, um sie zu erschießen. Die Angaben über die Zahl der Opfer schwanken zwischen 696 und 1200.

Heute ist Kalávrita ein bei Griechen beliebter Sommerferien-, vor allem aber Wintersportort. Hauptsaison ist von Ende Oktober bis Mitte Mai. Nahe der Platía isst man in der großen INSIDER TIPP *Taverne Stáni (Sommer €, Winter €€)*, wo im Winter auch Wildschwein- und Hirschbraten serviert werden. Modern und ruhig wohnen Sie im *Hotel Kynaítha (12 Zi. | Tel. 26 92 02 26 09 | www.kynaitha.gr | €€)*.

Ein lohnender Ausflug führt zur 17 km südlich gelegenen INSIDER TIPP *Tropfsteinhöhle Spíleo ton Limnón (tgl. 9.30–16.30 Uhr, im Hochsommer und an Feiertagen länger | 8 Euro | www.kastriacave.gr)*, die auf 500 m Länge begehbar ist. Die Stalaktiten unter der bis zu 30 m hohen Decke spiegeln sich in 13 kleinen Seen, die durch Bäche und Wasserfälle verbunden sind. Einige von ihnen trocknen im Sommer aus.

KALÓGRIA ★ (126 B2) (*G2*)

Einen der schönsten Küstenstriche des Peloponnes finden Sie zwischen Kounoupélli und dem gut 40 km westlich

LOW BUDG€T

▶ Wohl nirgends sonst ist der frische Fisch so preiswert wie am äußerst urtümlichen und recht unaufgeräumten Fischereihafen von Alíkes südwestlich von Patras. In der *Taverne Alíkes* direkt am Hafen serviert Wirt Vassílis, der 23 Jahre in Bad Kissingen lebte, das Kilo besten frischen Fisch für 45 Euro, das Kilo frischen Kalmar aus regionalen Gewässern für 30 Euro. Der Wein dazu kommt für 6 Euro pro Liter auf den Tisch.

▶ Das Parken in der gesamten Innenstadt von Patras ist gebührenpflichtig. Kostenfrei parken Sie an der Uferstraße westlich des Leuchtturms, wo die Stadtbesichtigung ohnehin gleich mit der Andréas-Kathedrale beginnen.

ACHAÍA UND KORINTHÍA

von Patras gelegenen Kalógria. Der kilometerlange Sandstrand wird von Dünen gesäumt, Salz- und Süßwassersümpfe sowie der im Sommer austrocknende Prókopossee prägen das Hinterland. Ein lichter Küstenwald wird von kleinen Wegen durchzogen, die zum Wandern einladen; an den Sümpfen und Gewässern leben Grau- und Seidenreiher.

Das beste der wenigen Hotels im Ort ist das Hotel *Amalía* (12 Apartments | Tel. 26 93 03 11 00 | www.amaliahotel.gr | €€). Preiswerter sind die *Rooms Strofília* (8 Zi. | Tel. 26 93 03 17 80 | €).

KLOSTER MÉGA SPÍLEO ★
(127 D2) (*J2*)

An der Straße von Diakoptó nach Kalávrita steht 65 km südöstlich wie mit dem dahinter aufragenden Fels verwachsen in 940 m Höhe das siebenstöckige Mönchskloster *Große Höhle*. Der Name bezieht sich auf eine Grotte im Klosterkomplex, in der die Klostergründer der Legende nach 840 eine wundertätige Marienikone fanden. 1943 wurde das Kloster von deutschen Truppen zerstört; die heutigen Bauten stammen nahezu alle aus der Nachkriegszeit. Im Klostermuseum sind u. a. ein aus Goldfäden in elfjähriger Arbeit geschaffenes, etwa 400 Jahre altes Kreuz und eine illuminierte Bildhandschrift auf Pergament aus dem 12. Jh. sehenswert (*tgl. Sonnenauf- bis -untergang | Mittagsruhe 13–14 Uhr | Museum 1 Euro*).

Im Großrestaurant *Grand Chalet* an der Hauptstraße direkt unterhalb des Klosters ist das Angebot an griechischen Kuchen und anderen Süßspeisen besonders groß, extrem lecker sind die Teigbällchen *lukumádes* mit Honig und Walnuss. Die Souvenirabteilung des Restaurants bietet regionale Kulinaria. Besonders originell können Sie im INSIDERTIPP *Hotel Montage Suites* an der Abzweigung zum

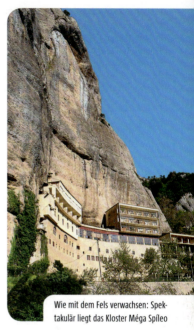

Wie mit dem Fels verwachsen: Spektakulär liegt das Kloster Méga Spíleo

Bahnhof Zachlógu wohnen: Hier hat ein griechischer Kinofan alle zwölf Suiten in Anlehnung an jeweils einen berühmten Filmklassiker gestaltet, die Rezeption ist in einem ehemaligen Eisenbahnwaggon untergebracht, die Gäste können sich kostenlos Filme für den Abend ausleihen (*Tel. 26 92 02 47 00 | www.montagesuiteshotel.com | €€€*).

RÍO (126 C1) (*H1*)

Río liegt 10 km nördlich von Patras an der engsten Stelle zwischen dem Peloponnes und dem Festland. Seit 2004 überspannt hier eine bildschöne, 2883 m lange *Hängebrücke* (*Maut 12,90 Euro/PKW | www.gefyra.gr*) den Golf. Außerdem pendeln hier Autofähren über die Meerenge. Am Fährhafen steht eine kleine venezianisch-türkische *Festung* (*Di–So 8.30–15 Uhr | Eintritt frei*).

ARGOLÍS

Die Argolís ist besonders reich an archäologischen Stätten und historischen Orten. Ihre größte Stadt ist Árgos; schönste Stadt und touristisches Zentrum aber ist Nauplia.

Die Landschaft der auf Neugriechisch meist „Argolída" genannten Argolís bezaubert durch ihre Sanftheit, durch Orangen- und Zitronenhaine, Obstbaumplantagen und Olivenhaine. Entlang des Saronischen Golfs finden Sie aber auch eindrucksvolle Küstenszenerien mit Steilküsten und einer Vielzahl in weite Buchten vorspringender Halbinseln. Der Argolís vorgelagert sind mehrere Inseln, die Sie auf Tagesausflügen kennenlernen können.

Die Argolís ist das Kernland der ersten Hochkultur auf dem europäischen Festland, der mykenischen Kultur. Mykene und Tiryns waren im 2. Jahrtausend v. Chr. die trutzigsten Burgen Griechenlands. Mit der Einwanderung der Dorer um 1100 v. Chr. verlagerte sich das Machtzentrum der Region nach Árgos. In der Zeit der klassischen Antike war Epidauros eine besonders bedeutende Kultstätte und eines der berühmtesten Heilbäder Griechenlands. Später siedelten hier Franken und Byzantiner.

Die Nähe zu Athen führt auch im Winter täglich Hunderte von Ausflüglern in die Argolís. Abseits der historischen Stätten gibt es in der Region aber auch manchen Badeort und weitgehend unberührte Naturschönheiten zu entdecken, so dass Sie hier auch gut einen ganzen Urlaub verbringen können.

Bild: Alter venezianischer Hafen von Nauplia

Naturwunder und antike Stätten, Strände und Inseln liegen im einstigen Zentrum der mykenischen Kultur dicht beieinander

NAUPLIA

KARTE AUF SEITE 132/133
(128 B5) (*L3*) **Nauplia (31 600 Ew.), auf Neugriechisch Náfplio, liegt am inneren Ende des Argolischen Golfs.**

Das offene Meer ist von hier aus nicht zu sehen; man fühlt sich wie an einem großen Binnensee. Über Nauplia ragen zwei Hügel auf, die beide von ausgedehnten Burganlagen bekrönt sind. Zwischen den Burgbergen und dem Hafen erstreckt sich die historische ⭐ Altstadt, deren wichtigste Gassen autofrei sind. Viele Gebäude erinnern daran, dass Nauplia von 1823–1834 Hauptstadt Griechenlands war. Moscheen und türkische Brunnen zeugen von der Türkenherrschaft.

Die Türken hatten Nauplia 1540 den Venezianern abgerungen, die die Stadt 1686 noch einmal zurückerobern konnten. Aber schon 1715 kam Nauplia nach nur achttägiger Belagerung wieder in türkische Hand, aus der es griechische Frei-

NAUPLIA

schärler dann im Dezember 1822 als eine der ersten griechischen Städte befreiten. Zentrum der Altstadt ist die *Platía Sindágmatos.* Gleich dahinter verläuft die *Odós Staikopúlu* mit ihren zahlreichen Tavernen und Souvenirgeschäften. Hier herrscht auch an Winterwochenenden reges Treiben, denn Nauplia ist als Wochenendreiseziel bei jüngeren Athenern sehr beliebt. in Anspruch und lässt sich hervorragend mit einem ● Einkaufsbummel durch die Altstadt verbinden.

ARCHÄOLOGISCHES MUSEUM

Mykenisches auf zwei Etagen einer venezianischen Kaserne aus dem Jahr 1713. Hier können Sie die Rüstung eines mykenischen Kriegers aus dem 15. Jh. v.

850 Stufen führen hinauf zu Griechenlands stärkster Festung: Burg Palamídi

Parkplätze sind in der Altstadt knapp. Deshalb stellen Sie Ihr Fahrzeug am besten am Hafen ab. Wer ohne Fahrzeug unterwegs ist, findet von Nauplia aus gute Busverbindungen zu nahezu allen Sehenswürdigkeiten der Argolís.

SEHENSWERTES

Die Besichtigung aller Sehenswürdigkeiten der Stadt nimmt einen ganzen Tag Chr. sehen und Reste eines Freskos mit zwei Delfinen aus dem 13. Jh. Sie belegen, dass die Innenräume mykenischer Paläste mit Wandmalereien geschmückt waren. *Platía Syndágmatos | Di–So 8.30–15 Uhr | 2 Euro*

BAYERISCHER LÖWE

Zum Gedenken an mehrere hundert bayerische Soldaten, die 1833/34 in Nauplia an Typhus starben, ließ Bayernkönig

ARGOLÍS

Ludwig I. in einen kleines Fels auf dem Gebiet der heutigen Neustadt einen bayerischen Löwen als großes Relief in den Stein meißeln. *Odós M. Iatroú | frei zugänglich*

FESTUNG AKRONAUPLIA

Die Festung auf dem niedrigeren der beiden Nauplia überragenden Felsen ist per Auto, aber auch mit einem Fahrstuhl zu erreichen: Teile der Festung werden nämlich heute als Hotel genutzt. Reizvoll ist deswegen nur noch der Blick hinunter auf die Stadt. Auf der Uferstraße können Sie die Festung umrunden. *Frei zugänglich*

FESTUNG BOÚRTSI

Die kleine Burg auf einem Inselchen dicht vor Nauplias Hafen wirkt von Weitem wie ein versteinertes Schiff. Die Venezianer erbauten sie um 1700. Sie spannten nachts von Búrtsi eine eiserne Kette hinüber nach Nauplia, um den Hafen abzusperren. *Boote ab Hafen nach Bedarf | Rückfahrticket 4 Euro*

FESTUNG PALAMÍDI

Weithin sichtbar überragt die venezianische Festung Palamídi aus dem frühen 18. Jh. auf einem 220 m hohen Berg die Stadt und die ältere Festung Akronauplia. Die Venezianer wussten, warum sie den Fels befestigten: Von hier aus hatten sie 1686 die Türken auf Akronauplia erfolgreich beschossen und zur Übergabe gezwungen. Benannt ist die Festung nach Palamides, einer Gestalt aus Homers Epos „Ilias". Er galt als Erfinder der Buchstaben, der Maßeinheiten, des Rechnens und der Würfelspiele. Sie erreichen die Festung, die als stärkste Griechenlands gilt, über 850 schweißtreibende Stufen oder über eine 3 km lange Asphaltstraße. *Tgl. 8–18.30, Winter 8–14.30 Uhr | 4 Euro*

KIRCHE ÁGIOS SPIRÍDONOS

Die kleine Kirche oberhalb des östlichen Endes der *Odós Staikopúlu*, 1702 erbaut, war 1831 Schauplatz eines politischen Attentats. Ein Maniote erschoss hier den griechischen Ministerpräsidenten Jánnis Kapodístrias beim Kirchgang. Die Spur der Pistolenkugel ist rechts neben dem oberen Eingang hinter einer kleinen Glasplatte noch zu sehen. *Tagsüber geöffnet*

KOMBOLÓI-MUSEUM

Kleines Privatmuseum, in dem wertvolle *komboloía* aus den Jahren 1750–1950 zu sehen sind. Verkauf authentischer Kopien von Museumsstücken. *Odós Staikopúlu 25 | Mo und Mi–Fr 10–20.30, Sa/So 10–21.30 Uhr | 1,50 Euro*

MARCO POLO HIGHLIGHTS

★ **Altstadt von Nauplia**
Griechenlands erste Hauptstadt hat viel Atmosphäre → S. 45

★ **Dídima**
Die Karstdolinen – kraterähnliche eingestürzte Höhlen – im Hochtal von Dídima sind eine einmalige Natursehenswürdigkeit → S. 52

★ **Theater von Epidauros**
Das besterhaltene antike Theater Griechenlands → S. 53

★ **Iréo**
Ausgrabungen in großer Einsamkeit → S. 55

★ **Burg von Mykene**
Vor mehr als 3000 Jahren lag hier auf dem Peloponnes das Zentrum der ersten Hochkultur auf dem europäischen Festland → S. 56

NAUPLIA

Hier kann der Tag ausklingen:
Taverne in Nauplias Altstadt

MILITÄRMUSEUM

Das Museum dokumentiert ausführlich Griechenlands kriegerische Vergangenheit der letzten 170 Jahre. Beeindruckend ist die umfangreiche Sammlung von Fotos aus deutscher Besatzungszeit. Ein besonders schockierendes Bild zeigt 16 von Bulgaren in Makedonien gehängte Zivilisten. *Odós Terzáki/Leofóros Amalías | Di–Sa 9–14, So 9.30–14 Uhr | Eintritt frei*

MOSCHEEN

Am Hauptplatz der Altstadt stehen zwei leicht an ihren Kuppeln zu erkennende Moscheen. Eine von ihnen, die heute als Kino und Theater dient, beherbergte im 19. Jh. eine der ersten Schulen Griechenlands. Die andere, die mit Finanzhilfe der Europäischen Union restauriert wurde, war 1825–1828 Versammlungsort des griechischen Parlaments und wird heute gelegentlich für Veranstaltungen genutzt.

PINAKOTHEK

Im Erdgeschoss einer klassizistischen Villa am Rande der Altstadt hängen vor allem Malereien, Kupferstiche und Lithografien, die historische Ansichten der Argolís als Motiv haben. Das Obergeschoss präsentiert überwiegend Ölgemälde mit Porträts und Szenen aus dem griechischen Freiheitskampf 1821–1830. *Odós Sidirás Merarchías 23 | Mo, Mi–Sa 10–15, Mi auch 17–20, So 10–14 Uhr | 3 Euro*

VOLKSKUNDLICHES MUSEUM

Das Museum präsentiert ansprechend Gerätschaften, kunsthandwerkliche Erzeugnisse und Trachten aus den letzten 200 Jahren. *Vas. Alexándru 1 | Mo, Mi–Sa 9–14.30, So 9.30–15 Uhr | 2 Euro*

ESSEN & TRINKEN

AIÓLOS

Große Auswahl an guten kleinen Vorspeisen; Wirt Vangélis spricht Deutsch. *Odós Vas. Ólgas 30 | €€*

CHRISTÓFOROS

Einfache, aber gute Fischtaverne mit täglich frischen Angeboten. *Odós Staikopúlu 26 | €€€*

NÁFPLIOS ☺

In der auch unter ihrem alten Namen „Karamanlís" noch bekannten, schon 1966 gegründeten Taverne ist das In-die-Töpfe-gucken noch erlaubt. Darin findet

ARGOLÍS

man eine riesige Auswahl an traditionellen griechischen Gerichten, darunter auch so manche für Vegetarier. Die Portionen sind groß, das Preis-Leistungs-Verhältnis stimmt. *Odós Bouboulínas/ Odós Singroú | €€*

ÓMORFI PÓLI
Chef Jánnis legt Wert darauf, dass sein Lokal ein Restaurant und keine Taverne ist. Den Allerwelts-Bauernsalat gibt es hier ebenso wenig wie Zaziki oder Fisch. Jánnis kocht lieber Huhn in Orangensauce oder Schweinelendchen in Honigsauce und grillt ein *souvláki oriental*. *Odós Bouboulínas 75 | Uferstraße | €€–€€€*

INSIDER TIPP ORGANÁKI
Die moderne, aber dennoch sehr volkstümliche Taverne liegt abseits des Trubels außerhalb der Altstadt, verwöhnt auch Vegetarier mit klassischer Tavernenkost und bietet an jedem Freitag- und Samstagabend griechische Live-Musik vorwiegend für Einheimische. *Odós Asklipíou/ Odós Agías Monís | tgl. ab 18 Uhr | Tel. 27 52 02 12 40 | www.organaki-nafplio.gr | €€*

PERSÉMOLO
Naturstein und helle Farben prägen die Atmosphäre dieses modernen Restaurants, das eine große Auswahl an Vorspeisen sowie einen preiswerten und zugleich guten offenen Wein vorhält. Besonders lecker sind die Pilze mit Schinkenspeck, Knoblauch und Thymian oder auch die Zucchini-Reibekochen *kolokithokeftédes*. *Odós Bouboulínas 39 | €–€€*

EINKAUFEN

AGNÝTHES
María Gonídou hat alle Stoffe, Textilien, Tischwäsche und Accessoires in ihrer Handweberei selbst in traditionellem und modernem Design kreiert. *Odós Siókou/Odós Vas. Aléxandrou*

CAMARA
Antiquitäten und vom Goldschmiedepaar selbst entworfener Schmuck. *Konstantínu 10*

INSIDER TIPP KARÓNIS
Die Familie Karónis destilliert seit 1869 nun schon in fünfter Generation Ouzo, den Tresterschnaps *tsípouro*, den Mastixlikör *mastícha* und neuerdings auch Cherry Brandy. Der jetzige Juniorchef Jánnis hat in der Destillerie ein kleines Museum eingerichtet und führt Besucher gern auf Englisch in den Produktionsräumen herum; alle Produkte können auch verkostet werden. Ein Stadtgeschäft finden Sie in der *Odós Vas. Amalías 5. An der Straße zum Karathónas Beach ausgeschildert | Sommer tgl., Winter Mo–Sa 8–16 Uhr | www.karonis.gr*

ODYSSEY
Die internationale Buch- und Pressehandung hält oft auch die Texte antiker Dramen in deutscher Übersetzung bereit, die während der sommerlichen Festspiele in Epídavros aufgeführt werden. Damit verstehen Sie auch, was Sie hören. *Platía Sindágmatos 18*

WOCHENMARKT
An jedem Mittwoch- und Samstagvormittag findet an der Grenze zwischen Alt- und Neustadt in den Straßen Odós 25is Martíou und Leofóros Kýprou einer der größten Obst- und Gemüsemärkte des Peloponnes statt.

STRÄNDE

Nur 400 m vom Altstadtrand entfernt direkt unterhalb der Festung Akronauplia

NAUPLIA

badet man gut im Strandbad *Arvanitiá Beach* mit Umkleidekabinen und Duschen. Mit eigenem Fahrzeug kommen Sie zum 4 km entfernten, 1700 m langen Kiesstrand *Karathónas Beach*.

FREIZEIT & SPORT

Bootsausflüge, etwa zur Insel Ídra und nach Monemvassiá, bietet *Pegasus Cruises* ab Toló *(Tel. 27 52 05 94 30 | www.pegasus-cruises.gr)* an.

AM ABEND

Kleinkunst, Theater und Kino werden in einer der beiden ehemaligen Moscheen am Hauptplatz, der *Platía Sindágmatos,* geboten. Die Jugend der Stadt trifft sich abends in den benachbarten Musikcafés *Pórto* und *Ekploús (Odós Bouboulínas/Odós Antipliárchou Ath. Siókou).* Originellste Bar für jedes Alter ist die INSIDER TIPP *Láthos Bar* nahe dem Hauptplatz *(Odós Vas. Konstantínou 1 | Di geschl.).* Hier bewegt sich dank der Bastelfreudigkeit des Wirts fast die gesamte Dekoration; man wähnt sich eher in einem Kuriositätenladen als in einem Lokal.

ÜBERNACHTEN

ATHÉATON

Neun ganz unterschiedlich ausgestattete und deswegen auch unterschiedlich teure Zimmer um einen Innenhof im Obergeschoss eines historischen Hauses und in einer unmittelbar benachbarten Villa. Preis inklusive Frühstück zur Selbstzubereitung. *Odós Angélu Zerzáki 31 | Tel. 27 52 02 15 57 | atheaton@mail.gr | €–€€*

INSIDER TIPP BYRON

Stilvolles Hotel unter schweizerisch-griechischer Leitung, ruhig, aber im Herzen der Altstadt gelegen. Vier der 18 geschmackvoll eingerichteten Zimmer haben einen Balkon. *Odós Platónos 2 | an den Stufen oberhalb der Spirídonos-Kirche | Tel. 27 52 02 23 51 | www.byronhotel.gr | €€–€€€*

KING OTHON

Gepflegtes, teilweise mit Antiquitäten eingerichtetes Altstadthotel in zwei historischen Häusern. *31 Zi. | Odós Farmakopoúlou 4 | Tel. 27 52 02 75 85 | www.kingothon.gr | €€€*

INSIDER TIPP ÓMORFI PÓLI

Das über 100-jährige Haus in der Altstadt war schon Polizeistation und Stammquartier deutscher Archäologen, die in Tiryns gruben. Jetzt vermietet die aus Karlsruhe stammende Ute Tsangarákis hier sieben gepflegte Zimmer, von denen drei auch gut für Familien mit bis zu drei Kindern geeignet sind. Erfreulich bei schwerem Gepäck: Bis zum großen Parkplatz am Hafen geht man nur 100 ebene Meter. *Odós Sofróni 5/Odós Vas. Aléxandrou | Tel. 27 52 02 15 65 | www.omorfipoli-pension.com | €€*

AUSKUNFT

Platía Iatroú/Odós 25is Martíou (gegenüber vom Telefonamt OTE) | Tel. 27 52 02 44 44 | www.nafplio.gr

ZIELE IN DER UMGEBUNG

ÁRGOS ● (128 B4) (*L3*)

Árgos (24 300 Ew.) liegt nördlich des Argolischen Golfs 12 km nordwestlich von Nauplia am Fuß eines steil aufragenden Hügels etwa 6 km vom Meer entfernt. Die interessanten *Ausgrabungen (Di–So 8.30–15 Uhr | Eintritt frei)* der antiken Stadt finden Sie unmittelbar an der Stra-

ARGOLÍS

ße vom Stadtzentrum in Richtung Trípoli. Man betritt zunächst die *römischen Thermen,* von denen einige Mauerreste noch in beträchtlicher Höhe erhalten sind. Zu erkennen sind Warm- und Kaltbäder und die für römische Warmbäder typische Heizanlage: Aus einer mit Holz befeuerten Heizkammer strömte Warmluft unter die Fußböden, die auf kurzen Pfeilern aus Ziegelsteinen ruhten, und stieg dann durch Tonröhren die Wände empor. In den Hang westlich der Thermen ist das leider nicht sehr gut erhaltene *Theater* eingeschnitten. Mit seinen 81 Sitzreihen war es einst das größte Griechenlands. Geht man am Fuß des Hangs nach Süden, erreicht man nach etwa 150 m ein kleines Theater, das *Odeon.* Es war überdacht und diente für Musikdarbietungen, aber auch als Versammlungsstätte der Bürger.

Im Stadtzentrum lohnt das *Archäologische Museum (Odós Ólgas | Di–So 8.30–15 Uhr | 2 Euro)* für Studienreisende einen Besuch. Es liegt nahe der großen *Platía Stratónon,* auf der jeden Samstagmorgen ein großer Wochenmarkt stattfindet. An der Platía stehen die klassizistische *Markthalle* aus dem 19. Jh. und eine *Kavalleriekaserne* aus der Zeit um 1830. Lohnend ist auch die Fahrt auf den weithin sichtbaren, 289 m hohen *Burgberg Lárissa* mit den Ruinen einer byzantinisch-venezianisch-türkischen *Festung (frei zugänglich | bis auf weiteres werktags Behinderungen durch laufende Sanierungsarbeiten).* Die Zufahrtsstraße führt am Nordhang des Bergs entlang und passiert die ausgeschilderten, frei zugänglichen Ausgrabungen eines *Heiligtums* für Apollo Deiradiotes und Athena Oxyderkis, das in einem schönen Kie-

Die malerische Ruine einer byzantinisch-türkischen Festung auf dem Burgberg Lárissa

NAUPLIA

fernwald mit Café liegt. Eine Stichstraße zweigt 800 m vor dem Gipfel zum Frauenkloster *Génesis tu Christú (tgl. 8–12 und 15–17 Uhr | kein Zutritt für Männer)* ab, das Christi Geburt geweiht ist. Ein zweites Frauenkloster, *Agía Marína (tgl. 8–12 und 15–17 Uhr)*, liegt unmittelbar unterhalb der Burg.

ASSÍNI (128 B5) (*L3*)
Das 9 km östlich gelegene Dorf trägt den Namen einer antiken Stadt, deren spärliche Überreste genau dort zu finden sind, wo die Hauptstraße die Küste erreicht. In mykenischer Zeit war Assíni der wichtigste Hafen der Argolís. Wandert man über den Fels, stößt man an vielen Stellen auf Steine der hellenistischen Stadtmauer. In den Mandarinenhainen von Assíni versteckt liegt an der Straße nach Drépanon die auch für Langzeiturlauber im Winter bestens geeignete INSIDERTIPP *Bungalowanlage Ingrid (Tel. 27 52 05 97 47 | www.bungalows-ingrid.com | €€, im Winter €)* mit zehn beheizbaren Häusern. Wirtin Ingrid stammt aus Köln. Sonnenliegen und Mountainbikes stehen den Gästen kostenlos zur Verfügung; zum nächsten Strand sind es zu Fuß etwa vier Minuten.

DÍDIMA ★ (128 C5) (*M4*)
Eine Natursehenswürdigkeit ersten Ranges erwartet Reisende 60 km südöstlich 500 m abseits der Asphaltstraße im Hochtal von Dídima. Ein Wegweiser führt auf gutem Feldweg zu den *Spílea Didimón*. Am verkarsteten Berghang voraus ist im graugrünen Fels schon deutlich ein brauner Krater auszumachen. Man gelangt an einen Drahtzaun: Hier muss man halten. Jenseits des nicht überall unüberwindlichen Zauns

Eine der weißen Kapellen an den Dolinen von Dídima

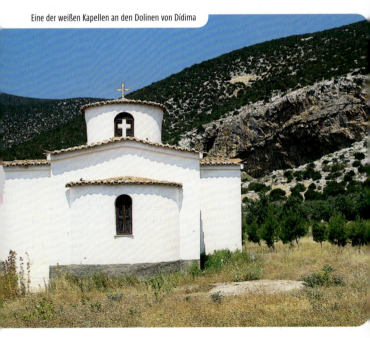

www.marcopolo.de/peloponnes

ARGOLÍS

blickt man plötzlich in einen 40 m tiefen Krater mit mehr als 100 m Durchmesser. In Wirklichkeit ist es kein Krater, sondern eine Doline: eine ehemalige Karsthöhle, deren Decke eingestürzt ist. Der Boden ist von Büschen, Gräsern und Bäumen bewachsen; in die senkrecht abfallenden Wände sind zwei weiße Kapellen gebaut. Eine Treppe führt dort, wo der Feldweg den Zaun erreicht, zu einer dieser Kapellen hinunter, in der Freskenreste aus dem 15. Jh. erhalten sind.

Von dieser ersten Doline aus können Sie zu Fuß noch etwa 400 m weitergehen zur zweiten Doline, die man schon vorher bei der Anfahrt von Weitem gesehen hat. Sie ist zwar etwas größer, gleichwohl aber weniger eindrucksvoll als die erste.

EPIDAUROS (EPÍDAVROS)
(128 C5) (M3)

Kurorte gab es auf dem Peloponnes schon vor über 2000 Jahren. Epidauros war der berühmteste. Heute noch wirkt ein Rundgang durch die 30 km östlich von Nauplia gelegenen Ausgrabungen, die zum Unesco-Welterbe gehören, wie Seelenbalsam. Die Ruinen von Tempeln und Heilschlafhallen sind in einen alten Pinienwald eingebettet, aus dem schlanke Zypressen aufragen; den oberen Rang des Theaters säumt eine Hecke aus Steineichen.

Das ⭐ ● *Theater von Epidauros* sollten Sie zu Beginn des Rundgangs besuchen. Es wurde im 3. Jh. v. Chr. mit 34 Sitzreihen errichtet und etwa 500 Jahre später auf 55 Sitzreihen für 12 000 Zuschauer erweitert. Alle Sitzreihen sind erhalten, so dass das Theater auch heute noch in jedem Sommer für Aufführungen antiker Stücke genutzt werden kann. Fremdenführer stellen auch zu anderen Zeiten für ihre Gruppen die hervorragende Akustik des Baus unter Beweis: Noch auf der obersten Sitzreihe kann man fallen gelassene Münzen nach dem Klang des Aufpralls unterscheiden, Papier rascheln hören und das Entzünden eines Streichholzes vernehmen. *Aufführung antiker Dramen Ende Juni–August Fr/Sa 21 Uhr | Tickets 20–50 Euro, Kartenvorverkauf an der Theaterkasse Mo–Do 9–14 und 17–20, Fr/Sa 9.30–21.30 Uhr, Tel. Reservierung Mo–Fr 8.30–20, Sa 9–14.30 Uhr unter 21 09 28 29 00 oder unter Tel. 21 07 23 45 67 | www.ticket services.gr; an den Aufführungsabenden Linienbusse um 19 Uhr ab Toló und Árgos, 19.30 Uhr ab Nauplia | www.hellenicfestival.gr*

Am Weg vom Theater ins Ausgrabungsgelände steht das *Museum*. Hier sind die teilweise ergänzten Originalbauteile der *Großen Propyläen* des *Asklípios-* und des *Artemis-Tempels* besonders bemerkenswert. Im Ausgrabungsgelände erleichtern die an mehreren Stellen angebrachten Übersichtspläne die Orientierung. Man sieht das *Katagogion*, einen ursprünglich zweigeschossigen, quadratischen Bau mit über 76 m Seitenlänge. Seine 160 Räume, in denen die Pilger und Kurgäste seit dem 4. Jh. v. Chr. wohnten, gruppierten sich um vier schattige Innenhöfe. Nahezu ebenso groß war das *Gymnasion*, dessen Innenhof von Säulenhallen umgeben war. Hier wurden Ringkämpfe ausgetragen. In römischer Zeit entstand im Innenhof ein noch deutlich sichtbares *Odeon*, also ein kleines Konzerttheater.

Ein rätselhafter Bau ist die auch *Thymlele* genannte *Tholos*. Der Rundtempel aus dem 4. Jh. v. Chr. mit seinen 26 Säulen steht nicht mehr. Aber die drei durch Mauern unterteilten, kreisförmigen Gänge, die einst unter dem Tempel lagen, sind noch deutlich zu erkennen. Man vermutet, dass in ihnen die heiligen Schlangen des Heilgottes Asklípios gehalten wurden.

NAUPLIA

Nahe der Tholos lag das *Abaton*. Es diente als Heilschlafhalle: Nach dem Vollzug kultischer Riten und des obligatorischen Opfers legten sich die Heilung suchenden Kranken hier zum Schlafen nieder. Fast immer erschien ihnen im Traum der Heilgott Asklípios (Äskulap). Priester deuteten diesen Traum und leiteten daraus in Verbindung mit schon recht guten medizinischen Kenntnissen die Therapie ab. Sie konnten sogar Operationen anordnen und von den Ärzten im Heiligtum ausführen lassen. Aber auch Trinkkuren waren üblich.

Über den *Festplatz* des Heiligtums, auf dem in halbkreisförmigen, offenen Räumen Weihestatuen standen, gelangt man zu den in einem Wäldchen gelegenen *Großen Propyläen,* dem antiken Prachteingang zur Kultstätte. Einige Meter östlich davon bezeugen die Überreste einer frühchristlichen *Basilika,* dass Epidauros auch noch im 5. Jh. als Kurort genutzt wurde. *Theater und Ausgrabungen April–Okt. tgl. 8–19.30, Nov.–März 8–17 Uhr, Museum Nov.–März Mo geschl., sonst Mo erst ab 13 Uhr | 6 Euro*

Ganzjährig geöffnet ist das *Hotel Ávaton*

Einer von 12 000 möglichen: Zuschauer im antiken Theater von Epidauros

(16 Zi. | Tel. 27 53 02 20 59 | €€) 1,5 km vom Theater entfernt an der Hauptstraße Ligoúrio–Dídima.

ERMIÓNI (129 C5) (*M4*)

Zahlreiche Tavernen säumen die Uferstraße am geschützten Naturhafen des kleinen Fischerstädtchens 85 km südöstlich. Empfehlenswert ist die Fischtaverne *Spirandréas* (€€). Große Hotelanlagen liegen weit außerhalb; im Ort selbst gibt es nur kleine, einfache

ARGOLÍS

Hotels. Am ruhigsten liegt das *Nadia* (12 Zi. | Tel. 27 54 03 11 02 | €) an einer von der Hafenpromenade abzweigenden Straße. Schön ist ein Spaziergang über die an den Ort anschließende, pinienbestandene *Halbinsel Ermionída* mit vielen Parkbänken und kleinen Badebuchten.

GALATÁS UND PÓROS
(129 D5) (*N4*)

Galatás liegt 85 km südöstlich wie an einem großen Binnensee unmittelbar der Insel und dem Inselstädtchen *Póros* gegenüber. Der Ort selbst ist reizlos; der nächtliche Straßenlärm an der Uferstraße macht einen Aufenthalt in den drei Hotels unerträglich. Aber es lohnt sich, das Auto in Galatás zu parken und über den nur 250 m schmalen Sund nach Póros überzusetzen. Kleine Motorboote und Autofähren pendeln bis spät in die Nacht hinein ständig hin und her. Es ist schön, durch die schmalen, stufenreichen Gassen des Inselstädtchens bis zum weithin sichtbaren *Uhrturm* hinaufzusteigen.

IRÉO (IRAIO) ★ (128 B4) (*L3*)

Weitab jeder Ortschaft liegen am Ostrand der argolischen Ebene gut 15 km nördlich die nur selten besuchten, aber durchaus eindrucksvollen und landschaftlich reizvollen *Ausgrabungen* eines der Zeusgattin Hera geweihten *Heiligtums*. Es erstreckt sich über drei Ebenen. Auf der untersten stehen die Überreste einer *Säulenhalle*. Von hier aus konnten Pilger die große Prozession beobachten, die alljährlich während des Hera-Festes von Árgos heraufzog. Im benachbarten, quadratischen Gebäude wurde das Festmahl ausgerichtet. Eine breite Treppe führte auf die mittlere Ebene mit dem 420 v. Chr. erbauten *Hera-Tempel*, von dem der Unterbau und eine in den Tempel führende Rampe gut erhalten sind. Die oberste Ebene wird durch eine weithin sichtbare Mauer aus besonders großen Steinen, eine so genannte *Kyklopenmauer*, gestützt. Auf der Mauer stand bis 423 v. Chr. ein dann niedergebrannter hölzerner Hera-Tempel. Das *Heraion* liegt 1,7 km nördlich der neuen Schnellstraße von Nauplia nach Mykene (Ausfahrt Néo Iréo). Am Ortsende des Dorfs *Néo Iréo* ist die Zufahrtsstraße ausgeschildert. *Di–So 8.30–15 Uhr | Eintritt frei*

LÉRNA (128 B5) (*L3*)

Lérna war nach Neméa in der Nähe Korinths Schauplatz der zweiten der zwölf Heldentaten des Herakles. Hier hatte er es mit einer neunköpfigen Wasserschlange – der Hydra von Lérna – zu tun, die Mensch und Tier verschlang. Für jeden abgeschlagenen Kopf wuchsen ihr zwei neue nach. Herakles musste ganze Wälder anzünden, um ihre Köpfe auszubrennen. Mit der Galle des Ungeheuers bestrich Herakles fortan seine Pfeile, die jedem Gegner unheilbare Wunden beibrachten.

Archäologen haben knapp 15 km westlich in Lérna *Siedlungsreste* ans Licht gebracht, deren älteste Teile aus dem 6. Jahrtausend v. Chr. stammen, also aus einer Zeit lange vor Ankunft der ersten griechischen Stämme. Spätestens seit dem 3. Jahrtausend war diese Siedlung von einer Festungsmauer umgeben, von der ebenfalls Reste zu sehen sind. Sie war doppelschalig und umhüllte verschiedene Räume, deren Dach wahrscheinlich als Wehrgang diente.

Die Ausgrabungen von Lérna liegen 100 m südlich der Straße von Árgos nach Trípoli am Ortsrand des Dorfs *Míli*. Die Wegweiser an der Zufahrt sind leicht zu übersehen. *Di–So 8.30–15 Uhr | 2 Euro*

LIGOÚRIO (128 C4–5) (*M3*)

Im großen Dorf nahe dem berühmten Theater von Epidaurus steht direkt an

NAUPLIA

der Durchgangsstraße das schönste Geologische Museum Griechenlands, das private INSIDER TIPP *Museum Kotsiomýti (Mai–Sept. Di–Sa 9–14.30 und 7–19, So 10–16 Uhr, Okt.–April Di–So 10–16 Uhr | 2 Euro)*. Sehr ansprechend werden Fossilien und Mineralien nicht nur aus Griechenland, sondern aus aller Welt gezeigt.

MÉTHANA (129 D5) (*N3*)
Die 80 km östlich weit in den Saronischen Golf hineinragende, über 740 m hohe Halbinsel ist durch eine nur 300 m breite Landbrücke mit dem Peloponnes verbunden. Ihr Haupt- und Hafenort *Méthana* war lange ein bedeutendes Heilbad. Die heute leider vernachlässigten Kuranlagen stehen an einem flachen See am Ortsrand, der starke Schwefeldünste ausströmt: Im See kommen die Wasser aus verschiedenen Thermalquellen zusammen.

Die ganze Halbinsel ist vulkanischen Ursprungs. Der letzte Ausbruch ist für das Jahr 250 v. Chr. bezeugt. Vorbei am kleinen Fischerdorf *Vathí* mit seinen guten Fischtavernen kommen Sie auf schmaler Straße in den sehr ursprünglich gebliebenen Weiler *Kaiméni*. Eine kahle Lavazunge reicht bis ans Dorf heran. 1,5 km weiter steigt an einem winzigen Parkplatz vor einer Rechtskurve ein Pfad für Schwindelfreie (Wegweiser „Volcano") in zehn Minuten in eine INSIDER TIPP *isländisch wirkende Mondlandschaft* an, in der Flechten, Farne, Feigen- und Erdbeerbäume bizarre Akzente in der Lavawüste setzen. Die neue Straße führt weiter nach Méthana zurück.

MYKENE (MIKÍNES, MYKINÄ)
KARTEN AUF DEN SEITE 134/135
(128 B4) (*L3*) Nach Mykene ist eine der drei großen Epochen der antiken griechischen Geschichte benannt: die mykenische Zeit. Diese erste Hochkultur auf europäischem Festland erlebte ihre Blüte zwischen 1400 und 1200 v. Chr. Die Mauern der fast 3500 Jahre alten ★ *Burg von Mykene* auf einem Hügel am Rand der argolischen Ebene 25 km nördlich von Nauplia wirken noch immer mächtig und abweisend. Hier residierten einst mächtige Könige wie Atreus, Agamemnon und Orest, lebten Frauen wie Elektra und Klytaimnestra.

Der Name Mykene ist aber auch untrennbar mit Heinrich Schliemann verbunden, der 1876 aus den Königsgräbern von

LOW BUDG€T

▶ Nauplia ist der ideale Standort, um die Argolís kostengünstig auf Tagesausflügen per Linienbus zu erkunden. Vom Busbahnhof *(Odós Singroú 8 | www.ktel-argolidas.gr)* am Rand der Altstadt fahren Busse nach Mykene *(10 Uhr hin, 15 Uhr zurück)*, nach Tiryns und Árgos *(5.10–22 Uhr alle halbe Stunde)*, nach Galatás/Póros *(hin 5.30 Uhr, zurück 14 Uhr)*, nach Epidauros *(hin 10.15 Uhr, zurück 15.45 oder 18.15 Uhr)* und nach Toló *(7–21 Uhr stündlich)*. Das Ticket nach Mykene z. B. kostet 2,90 Euro für die einfache Strecke.

▶ Wenn die Einheimischen in Nauplia preiswert essen wollen, gehen sie in die Grillstuben *O Harís* und *Gyrokomeío* oder in die *Pizzeria Carrera (Odós Sid. Merarchías/Odós Polizoídou)* 200 m vom Busbahnhof. Da kosten die *gýros pítta* unter 2 Euro, Nudelgerichte ab 4,50, große Pizzen ab 6 und der halbe Liter Fassbier 2,70–3 Euro.

ARGOLÍS

Méthana liegt an einem Thermalsee, der gesünder ist, als er riecht

Mykene bedeutende Kunstwerke aus purem Gold mit einem Gesamtgewicht von 14 kg barg. Ein Teil von ihnen ist im Archäologischen Nationalmuseum in Athen zu sehen.

Auf dem Weg zu den Ausgrabungen passieren Sie auf der Straße vom heutigen Dorf *Mikínes* zum Burghügel zunächst das *Schatzhaus des Atreus*. In Wahrheit ist es ein Kuppelgrab aus dem frühen 13. Jh. v. Chr. Eine 36 m lange und 6 m breite Passage, in der Fachsprache *Drómos* genannt, führt auf ein 5,4 m hohes Tor mit dem für die mykenische Architektur typischen Entlastungsdreieck zu. Dahinter liegt das 13,5 m hohe *Kuppelgrab* mit 14,5 m Durchmesser, das innen einem Bienenkorb gleicht. Eine echte Wölbung konnte man damals noch nicht bauen; sie wird hier dadurch vorgetäuscht, dass die Mauerringe nach oben zu immer enger werden und dabei jeweils den unteren um einige wenige Zentimeter überkragen. Die eigentliche *Grabkammer* bildete der kleine Seitenraum, der sich an den Bienenkorb anschließt.

Zwei weitere Kuppelgräber liegen gleich hinter dem Kassenhäuschen am modernen Eingang zur Burg von Mykene: Das mit erhaltener, teilweise restaurierter Kuppel wird *Grab der Klytaimnestra* genannt und stammt aus der Zeit um 1200 v. Chr.; das mit eingestürzter Kuppel ist etwa 300 Jahre älter und wird als *Grab des Aigisthos* bezeichnet.

Der Hauptweg führt vom Eingang zum berühmten *Löwentor* aus der Zeit um 1250 v. Chr. Es besteht aus vier tonnenschweren Steinen. Über dem oberen Torblock ist aus der Burgmauer wiederum das für mykenische Tore typische Entlastungsdreieck ausgespart. So wird

NAUPLIA

verhindert, dass das Gewicht der Mauer auf dem oberen Torblock lastet. Hier ist es nun aber durch eine etwa 70 cm dicke Steinplatte mit einem einzigartigen Relief verkleidet, das als eines der bedeutendsten Kunstdenkmäler der mykenischen Zeit gilt. Im Zentrum des Reliefs trägt eine Säule, die auf einem Altar ruht, das Dachgebälk eines Gebäudes, vielleicht des Königspalasts. Zwei Löwen stehen mit ihren Vorderpranken auf dem Altar. Ihre Köpfe, die vermutlich aus Bronze gearbeitet waren, fehlen heute. Das Relief sollte Besuchern der Burg wahrscheinlich die Macht der Könige verkünden und ihnen zugleich andeuten, dass sie sich einem heiligen Bezirk nähern.

Hinter dem Tor liegt gleich rechter Hand der *Gräberkreis*, den Schliemann freilegte. In den fünf von ihm entdeckten Grabschächten aus dem 16. Jh. v. Chr. fand er 19 Skelette, goldene Totenmasken und mit Blattgold bedeckte Gewänder, Schmuck, Waffen und Gefäße. Als die Toten bestattet wurden, lagen die Gräber außerhalb der damaligen Burgmauer. Als der Palast im 14. Jh. v. Chr. erweitert wurde und nun auch die Gräber umfasste, gestaltete man sie zu einem Heiligtum um. Der Platz über den Gräbern wurde aufgeschüttet und mit Steinplatten belegt. Ringsherum wurde eine Doppelreihe senkrecht stehender Steinplatten aufgestellt. Sie waren oben eingekerbt, trugen Holzbalken, auf die wiederum Steinplatten gelegt wurden. Ein Kultplatz war entstanden, der anders als ein gewöhnlicher Friedhof innerhalb der Mauern verbleiben konnte.

Vom Gräberkreis führt der Weg zur Kuppe des Burghügels, auf dem Spuren des königlichen Palasts, des *Megaron*, erhalten sind. Er stand größtenteils auf künstlich geschaffenen Terrassen. In der Mitte des *Thronsaals* markiert eine leichte Erdaufschüttung die Stelle des Herdfeuers. An ihren vier Ecken sind Säulenbasen zu erkennen. Der Thron stand an der Südseite des 11,5 mal 13 m großen Saals.

Im Norden der Burg führt ein unterirdischer Gang zu einem *Brunnen*. Er wurde über eine unterirdische Tonröhrenleitung mit Wasser aus einer 360 m entfernten Quelle versorgt. Von hier führt der Weg weiter zum kleinen, modernen *Museum (April–Okt. tgl. 8–19.30, Nov.–März 8–17 Uhr | 8 Euro)* mit Repliken der Schliemannschen Goldfunde und Resten mykenischer Fresken sowie einer Cafeteria.

Im modernen Dorf Mikínes sind die Restaurants auf Massenabfertigung eingestellt. Reisende, die die Ausgrabungen in den kühleren und besucherarmen Morgen- oder Abendstunden besuchen wollen, können hier auch übernachten. Schon Heinrich Schliemann schlief im sehr einfachen *Hotel Belle Helene (8 Zi. | Tel. 2751076225 | €)*. Moderner ist das *Hotel La Petite Planète (29 Zi. | Tel. 2751076240 | €€)*. Beide Hotels liegen an der Hauptstraße. Außerdem werden viele Privatzimmer vermietet.

PORTOHÉLI (PORTOCHELIO)
(128 C6) (*M4*)

Portohéli ist mit seinen über 3000 Hotelbetten einer der von Ausländern am meisten besuchten Ferienorte auf dem Peloponnes. Das kleine Städtchen mit seinem großen *Yachthafen* zieht sich 85 km südöstlich um das innere Ende einer großen Bucht und ist von niedrigen grünen Hügeln umgeben. In der Umgebung gibt es mehrere Sand- und Kiesstrände, Bootsfahrten führen auf die Inseln Ägina, Ídra und Spétses sowie nach Monemvassía.

TIRYNS (TÍRINTHA) (128 B4–5) (*L3*)
Die mykenische *Burg von Tiryns* (14.–12. Jh. v. Chr.) 5 km nördlich ist anders als

ARGOLÍS

die Burg von Mykene nicht auf einem Hügel, sondern unmittelbar in der fruchtbaren Ebene erbaut worden. Deswegen brauchte sie besonders mächtige Mauern. Ihre Stärke schwankt zwischen 4 und 17 m. Sie sind auf 725 m Länge aus riesigen, vieleckigen Steinblöcken zusammengesetzt. Spätere Generationen hielten sie für das Werk von einäugigen Riesen, nach denen dieser Mauertypus auch als *Kyklopenmauer* bezeichnet wird.

In der Burg findet man wie in Mykene die Grundmauern des *Megaron,* also des königlichen Palasts. Eine imponierende Eigenart dieser Burg sind die berühmten *Galerien* – spitzbogig eingewölbte Gänge. Sie dienten zum Teil als Lagerräume, zum Teil als Schutz für die im Verteidigungsfall besonders wichtigen Zisternen. Tiryns wurde im 12. Jh. v. Chr. durch einen Brand zerstört und danach nicht wieder aufgebaut; die immer noch laufenden Ausgrabungen stehen unter der Regie des Deutschen Archäologischen Instituts in Athen. Sie liegen nahe der Hauptstraße von Nauplia nach Árgos. *Tgl. 8.30–15 Uhr | 3 Euro*

Mitten in der Ebene erbaut, hatte die mykenische Burg von Tiryns besonders mächtige Mauern

TOLÓ (128 B5) (*M L4*)

Im 12 km südlich von Nauplia gelegenen Toló machen vor allem Engländer und junge Bustouristen Ferien, die viel Trubel mögen. Angesagte Diskos sind zurzeit der *Gorilla Club* und das *Rainbow,* beide an der Uferstraße. Das Wassersportangebot ist umfassend und topaktuell. Ein Hotel, das aus dem Rahmen fällt, ist das im Schweizer Stil erbaute INSIDERTIPP *Assíni Beach* (10 Zi. | Uferstraße | Tel. 27 52 05 93 47 | €€) mit einer kleinen, blumenreichen Restaurant-Terrasse direkt am Strand.

ELIS UND ARKADIEN

Der römische Dichter Vergil besang Arkadien in der Antike, moderne Schlagertexter benutzen das Wort als Synonym für das Land der Sehnsucht. Schon immer war Arkadien der Inbegriff des paradiesischen Hirtenlands der Schäferdichtung.

Und tatsächlich: Die gebirgige Region in der Mitte des Peloponnes ist immer noch ein teilweise schwer zugänglicher, weitgehend ursprünglich gebliebener Teil Griechenlands. Arkadien besitzt um seine Hauptstadt Trípoli und bei Megalópolis zwei bedeutende Ebenen und mehrere fruchtbare Flusstäler. Weite Teile aber werden von Hügeln und bis zu 1000–1300 m hohen Bergen geprägt. Dort ist Landwirtschaft nur möglich, wenn die Bauern in mühsamer Arbeit Terrassen anlegen und pflegen. Große Schaf- und Ziegenherden streifen hier wie zu Vergils Zeiten umher.

Im Westen grenzt Arkadien an die Elis, in der die Berge bald in niedriges Hügelland übergehen, das wiederum zu einer breiten, eintönig flachen Küstenebene überleitet. Die Elis ist die Heimat der Olympischen Spiele, Olympia ihr bedeutendstes Reiseziel. Zudem besitzt die Elis viele Kilometer herrlicher Sandstrände mit hohen Dünen und ökologisch wertvollen Sümpfen und Küstenseen.

Die landschaftlich schönste Route durch die Bergwelt Arkadiens und der Elis führt von Trípoli über Vítina, Dimitsána und Langádia nach Olympia. Sie zu fahren lohnt auch im Winter. Dann können Sie hier sogar Ski laufen.

Bild: Über dem Alfióstal liegt das Dorf Karítena

Vom Ursprungsort der Olympischen Spiele in urige Bergdörfer und von hohen Bergen an sandige Strände mit Dünen und Küstenseen

OLYMPIA

(126 B–C4) (*H3*) Olympia (neugr.: Olimbía) ist heute ein Dorf mit 1300 Ew., die fast ausschließlich vom Tourismus leben.

In zwei Dutzend Hotels und einigen Privatpensionen stehen über 1500 Betten zur Verfügung; auf drei Campingplätzen kommen noch einmal etwa 700 Gäste unter. Restaurants, Juweliere und Souvenirgeschäfte säumen die Hauptstraße, die hinunterführt zu den Ausgrabungen des antiken Heiligtums. Bis 2007 waren Dorf und Heiligtum in üppiges Grün eingebettet. Dann brannten die Wälder um halb Olympia und drohten sogar, das Heiligtum zu zerstören. Die Brandspuren werden noch auf Jahre hinaus deutlich zu sehen sein.

Seit 1875 legt das Deutsche Archäologische Institut frei, was aus der über 1100-jährigen Geschichte des dem Göttervater Zeus geweihten Heiligtums erhalten geblieben ist. Für 776 v. Chr.

OLYMPIA

Um die 2500 Jahre jung: Siegesgöttin Nike im Museum von Olympia

sind erstmals Olympische Spiele belegt. Bis zum Verbot sämtlicher heidnischer Kulte durch den oströmischen Kaiser Theodosius 395 fanden die Olympischen Spiele alle vier Jahre statt. Sie waren zusammen mit den stärker musisch ausgerichteten Spielen von Delphi und den Isthmischen Spielen bei Korinth das größte gesamtgriechische Fest. Es brachte Teilnehmer aus vielen griechischen Stadtstaaten zusammen, die sich sonst ja häufig befehdeten und keineswegs ein einheitliches Volk bildeten. Während der Zeit der Olympischen Spiele mussten alle Waffen ruhen; die Wettkämpfe waren eine Art Kriegsersatz. Nur der Sieger erhielt als Trophäe einen Ölzweig; Silber- und Bronzemedaillen gab es damals noch nicht. Anfangs wurde nur ein Wettbewerb ausgetragen, der Stadionlauf über eine Distanz von 192 m. Noch im 8. Jh. v. Chr. kamen der doppelte Stadionlauf, ein Langstreckenrennen über 4600 m und ein Fünfkampf hinzu. Später ergänzten Wettbewerbe wie Faustkampf und Wagenrennen die Spiele.

Bis 472 v. Chr. fanden alle Wettkämpfe an einem einzigen Tag statt, danach wurden die Spiele auf fünf Tage ausgedehnt. Nur freie männliche Griechen (und in römischer Zeit auch freie Römer) durften teilnehmen. Frauen war das Zuschauen bei Todesstrafe verboten.

SEHENSWERTES

ARCHÄOLOGISCHES MUSEUM

Zu den Schätzen des Museums gehören die marmornen Skulpturen, die die Giebelfelder des Zeus-Tempels schmückten, und die zwölf Metopen von den Stirnseiten des Tempels. Die Metopen zeigen die zwölf Heldentaten des Herakles vom Kampf mit dem Nemeischen Löwen bis zur Entführung des Höllenhunds Zerberus aus dem Totenreich. Die Figuren aus

www.marcopolo.de/peloponnes

ELIS UND ARKADIEN

den Giebelfeldern illustrieren den Kampf zwischen Lapithen und Kentauren sowie die Vorbereitungen zum Wagenrennen zwischen dem mythischen Helden Pelops und König Oinomaos.

Einmaliges historisches Zeugnis ist ein Becher, der in der Werkstatt des Phidias gefunden wurde. Er trägt auf dem Boden die Inschrift „Ich gehöre dem Phidias" und scheint der Trinkbecher des berühmten Bildhauers zu sein.

Zwei Statuen im Museum gehören zu den größten Kunstwerken der Antike. Die hochklassische Statue der Siegesgöttin Nike aus der Mitte des 5. Jhs. v. Chr. stand ursprünglich auf einer 9 m hohen Säule vor dem Zeus-Tempel und schien von dort oben auf die Menschen herabzuschweben. Die Statue des Hermes, geschaffen von Praxiteles, einem der namentlich bekannten großen Bildhauer der Antike, zeigt den Götterboten, wie er den kleinen Dionysos zu den Nymphen bringt, bei denen er aufwachsen soll.

Zu den sehenswerten kleineren Objekten gehören ein mykenischer Helm aus Eberzähnen und ein Bronzepferd (um 800 v. Chr.). Ein gelungenes römisches Werk ist eine große Stierstatue, die äußerst lebensecht wirkt. *April–Okt. tgl. 8–19.30, Nov.–März Mo 11–17, Di–So 8.30–17 Uhr | 6 Euro, Kombiticket mit Ausgrabungen 9 Euro*

AUSGRABUNGEN ★
KARTE AUF DEN SEITEN 132/133

Wenn Sie die Ausgrabungen nicht nur sehen, sondern auch Olympia verstehen wollen, sollten Sie vom Eingang aus gleich zum *Tempel des Olympischen Zeus* gehen. Er ist an seinem dreistufigen Unterbau, einer wieder aufgerichteten Säule und den vielen gewaltigen Säulenresten deutlich zu erkennen. Dieser Tempel war der kultische Mittelpunkt des Heiligtums. Auf der fast 28 m breiten und über 64 m langen obersten Stufe des Unterbaus bildeten 36 dorische Säulen, jede über 10 m hoch, die Ringhalle des 457 v. Chr. fertiggestellten Tempels aus Muschelkalk. Sie umgaben die fensterlose *Cella*, die man durch eine Türöffnung im Osten betrat. Drinnen stand in mystischem Halbdunkel eines der sieben antiken Weltwunder: eine gut 13 m hohe, innen hohle Zeus-Statue aus Gold, Silber, Elfenbein und Edelsteinen. Sie war das Werk des *Phidias*, der auch am Bildschmuck für den Parthenon-Tempel auf der Athener Akrópolis mitwirkte. Vom Unterbau des Zeus-Tempels aus haben Sie einen guten Überblick über die Aus-

MARCO POLO HIGHLIGHTS

★ **Archäologisches Museum**
Das bedeutendste Museum des Peloponnes steht in Olympia
→ S. 62

★ **Ausgrabungen**
Die erhaltenen Reste der Geburtsstätte der Olympischen Spiele → S. 63

★ **Dimitsána**
Dorf mit drei Klöstern und einem Freilichtmuseum → S. 71

★ **Kloster Elónas**
Schöne Ikonen in einem frommen Felsennest → S. 73

★ **Langádia**
Das Bergdorf verlangt seinen Bewohnern eine gute Kondition ab → S. 73

★ **Art-Hotel Maínalon**
Das geschmackvolle Hotel eines Athener Galeristen in Vitína
→ S. 75

OLYMPIA

grabungen. Dem Tempel gegenüber stehen die hohen Ziegelmauern einer Kirche aus dem 5. Jh., die anstelle der antiken *Werkstatt des Phidias* erbaut wurde. Südlich an die Werkstatt des Phidias der Säulen hat nur 16 statt der üblichen 20 Kanneluren. Das weist darauf hin, dass der bereits um 600 v. Chr. erbaute Tempel ursprünglich hölzerne Säulen besaß, die im Lauf der Jahrhunderte durch

Aus der Werkstatt des Phidias in Olympia wurde im 5. Jh. eine Kirche

schloss sich das *Leonidaion* an, eine im 4. Jh. v. Chr. entstandene Herberge für Ehrengäste, die in römischer Zeit durch ein großes, gut erkennbares Wasserbecken verschönert wurde. Nördlich der Werkstatt des Phidias ist die große *Palästra* aus dem 3. Jh. v. Chr. mit ihren Säulenreihen, in der die Ringkämpfe ausgetragen wurden, deutlich zu sehen. Im Nordteil des Innenhofs ist das Rillenpflaster erhalten, das den Kämpfern mehr Standsicherheit verleihen sollte.

Gen Norden fällt der Blick vom Zeus-Tempel auf den *Hera-Tempel*, dessen Säulen recht unterschiedlich sind. Manche sind aus bis zu zehn, andere nur aus einigen wenigen Säulentrommeln zusammengesetzt. Die Kapitelle sind verschieden, eine steinerne ersetzt wurden, die jeweils dem Geschmack der Zeit entsprachen.

An den Hera-Tempel schließt sich nach Osten hin jenseits einer halbrunden *Brunnenanlage* aus römischer Zeit eine Terrasse an, auf der einst die Schatzhäuser von elf griechischen Stadtstaaten standen. Sie verwahrten hier wertvolle Weihegeschenke an Zeus; zahlreiche weitere Weihegaben auch anderer Städte an die Götter waren überall im heiligen Bezirk aufgestellt.

Die Schatzhausterrasse endet am Eingang zum Stadion, der ursprünglich mit einem Tonnengewölbe überdacht war. Ein Teil davon wurde rekonstruiert. Rechts vom Eingang liegen die Fundamente der *Echohalle*, einer 98 m langen

www.marcopolo.de/peloponnes

ELIS UND ARKADIEN

Wandelhalle, die den Besuchern der Spiele Schutz vor Regen und Mittagssonne gewährte.

Das antike *Olympiastadion* ist ein überraschend einfaches Bauwerk. Es bot auf seinen gut erhaltenen Erdwällen 40 000 Zuschauern Platz; nur die Schiedsrichter saßen auf steinernen Bänken. Die Start- und Ziellinien aus Steinplatten sind an beiden Stadionenden noch deutlich zu erkennen.

Das *Hippodrom* für die Wagenrennen lag südöstlich des Stadions, ist heute aber kaum noch auszumachen. Auffallend sind hingegen die vielen Grundmauern griechischer und römischer *Thermen* am Süd- und Westrand des Geländes.

Am Weg zum Ausgang liegen die Reste des *Philippeion:* zwei kreisförmige Fundamente, die früher einen Rundtempel ähnlich den Tholoi von Delphi und Epidauros trugen. Philipp II. von Makedonien stiftete ihn nach seinem Sieg bei Chaironeia 338 v. Chr.; sein Sohn Alexander der Große ließ ihn fertigstellen. Im Innern standen fünf Statuen aus Gold und Elfenbein: in der Mitte Alexander, flankiert von seinen Eltern und Großeltern.

Nördlich des Philippeions erkennen Sie dann die Überreste des *Prytaneion,* in dem die Olympiasieger feierlich bewirtet wurden. Auf der anderen Seite des modernen Wegs zeugen geringe Reste vom *Gymnasion* aus dem 3. Jh. v. Chr. Hier konnten die Olympiakämpfer auf einem von Säulenhallen umgebenen Platz für ihre Wettkämpfe trainieren. *April–Okt. tgl. 8–19.30, Nov.–März 8–17 Uhr | 6 Euro, Kombiticket mit Archäologischem Museum 9 Euro*

MUSEUM DER AUSGRABUNGSGESCHICHTE ●
Kleines Einraummuseum mit Fotos und Dokumenten zur Arbeit der Archäologen. *Neben dem Museum der Geschichte der Olympischen Spiele | April–Okt. tgl. 8–19.30, Nov.–März Mo 11–17, Di–So 8.30–17 Uhr, wenn geschl., im Archäologischen Museum melden | Eintritt frei*

MUSEUM DER GESCHICHTE DER OLYMPISCHEN SPIELE ●
Im klassizistischen Bau des früheren Archäologischen Museums. Fundobjekte wie antike Siegerlisten und Sportgeräte, Sonderthemen wie „Sport und Frauen in der Antike". *Oberhalb der Straße von den Ausgrabungen ins Dorf | April–Okt. tgl. 8–19.30, Nov.–März Mo 11–17, Di–So 8.30–17 Uhr | Eintritt frei*

MUSEUM DER OLYMPISCHEN SPIELE ●
Das kleine Privatmuseum illustriert die Geschichte der Olympischen Spiele der Neuzeit und gibt einen Einblick in den Alltag der Athleten während der Spiele. Ausgestellt sind z. B. Plakate, Gold-, Silber- und Bronzemedaillen sowie Fotos von den ersten Spielen der Neuzeit 1896 in Athen. *An der oberen Dorfstraße | tgl. 8–15.30 Uhr | 2 Euro*

ESSEN & TRINKEN

INSIDER TIPP BÁKCHOS/BACCHUS 😊
Die moderne Taverne im 3 km entfernten Dorf Archéa Píssa-Miráka gilt als beste der Region. Abseits des touristischen Trubels von Olympia wird eine kleine Auswahl überwiegend regionaler Spezialitäten serviert, das Olivenöl stammt von eigenen Bäumen, auch der offene Wein kommt aus der Umgebung. Die Taverne ist – wenn auch nur abends – sogar im Winter täglich geöffnet, was für viel einheimisches Stammpublikum spricht. Gäste können den kleinen Pool der angeschlossenen Pension gern benutzen – was besonders Kindern den Aufenthalt noch verschönern wird. *Archéa Píssa | €€*

OLYMPIA

INSIDER TIPP ▶ PRAXITÉLIS

Moderne, sehr preiswerte Taverne mit Tischen und Stühlen auf dem Bürgersteig einer wenig befahrenen Straße. *Odós Spiliopúlu | neben der Polizeistation | €*

EINKAUFEN

Unter den zahllosen Souvenirgeschäften gibt es einige mit sehr hohem Niveau. Hervorzuheben ist die INSIDER TIPP *Galerie Orphée (an der Hauptstraße Richtung Ausgrabungen)*: moderne griechische Kunst, exzellente griechische Weine und Musik-CDs; Kunstgalerie im Obergeschoss.

LOW BUDG€T

▶ Ein kostengünstiger Standort für Wanderungen und Erkundungen im Loúsiostal ist Dimitsána. In den *Rooms Káza (an der Hauptstraße zwischen Polizei und National Bank | Tel. 27 95 03 14 66 | www.xenonaskaza.gr)* zahlen Sie 40 Euro fürs Doppelzimmer, haben einen Kühlschrank und zwei kleine Elektrokochplatten.

▶ Schönheit zum Nulltarif gibt es in ● Loutrá Killínis. Da holen Sie sich vor den Ruinen der römischen Thermen mit Schäufelchen Thermalschlamm aus blubbernden Schlammkuhlen, reiben sich damit ein und gehen im Eukalyptuswald spazieren, bis das mineralhaltige Schönheitselixier ganz getrocknet ist. Dann geht's unter die leicht nach Schwefel riechende Naturdusche, wo Sie sich mithilfe eines mitgebrachten Schwamms oder Tuchs das Wundermittel abreiben. Manchmal sind darunter dann auch die ersten Fältchen verschwunden.

AM ABEND

Teilnehmer organisierter Rundreisen treffen Sie abends im *Touris Club* neben dem Hotel Antónios, wo auf Folklore Diskoklänge in der Taverne folgen. Die einheimische Jugend bevorzugt Musikclubs und im Sommer die Disko *Zorbás* neben dem Museum der Olympischen Spiele. In einem großen, geschmackvoll neu erbauten Freilufttheater im Nachbardorf *Flókas* an der Straße nach Kréstena werden an Sommerabenden Konzerte und Theateraufführungen veranstaltet; Auskunft gibt die Tourist-Information in Olympia.

ÜBERNACHTEN

EUROPA

Oberhalb des alten und neuen Olympia liegt das Hotel ganz ruhig an einem Hügel. Die Zimmer sind geräumig und komfortabel, der Pool ist 12x20 m groß und bis zu 4 m tief. Abends lässt es sich gut in der Gartentaverne unter Olivenbäumen dinieren *(nur Juni–Mitte Sep. geöffnet)*, die Pool-Bar empfängt nur bis 23 Uhr Gäste, so dass für ungestörte Schwimmzüge gesorgt ist. *80 Zi. | Drúva (1,5 km außerhalb) | Tel. 26 24 02 26 50 | www.hoteleuropa.gr | €€–€€€*

LEONIDÉON

Zentral, doch ganz ruhig gelegene Pension mit einfachen, ordentlichen Zimmern im Zentrum. Nette Wirtsfamilie, sehr gutes Preis-Leistungs-Verhältnis. *7 Zi. | Odós Spileopoúlou 3 | neben der Polizeistation oberhalb der Hauptdurchgangsstraße | Tel. 26 24 02 35 70 | €*

INSIDER TIPP ▶ OLÝMPION ASTÝ

Ruhig am äußersten Ortsrand (ausgeschildert) mit freiem Blick bis zum Meer gelegen. Von einer einheimischen Fami-

www.marcopolo.de/peloponnes

ELIS UND ARKADIEN

Im ursprünglich gebliebenen Bergdorf Andrítsena hat man noch Zeit

lie geführt, mit Pool und Tennisplatz. Spezielle Zimmer für Familien, auch Zimmer mit Kamin. *43 Zi. | Tel. 26 24 02 36 65 | www.olympionasty.gr | €€€*

PELOPS

Das familiär geführte Hotel liegt mitten im modernen Olympia, nur etwa zehn Gehminuten von Museen und Ausgrabungen entfernt. Alle Zimmer haben einen Balkon. Der Pool des Hotels *Europa* 1,5 km außerhalb kann kostenlos genutzt werden. Mehrmals im Jahr bietet das Hotel Koch-, Mal- und Zeichenkurse an. *16 Zi. | Odós Varelás 2 | Tel. 26 24 02 25 43 | www.hotelpelops.gr | €€*

AUSKUNFT

An der Hauptstraße vom Zentrum zu den Ausgrabungen | Tel. 26 24 02 31 25

ZIELE IN DER UMGEBUNG

ANDRÍTSENA ● (126 C5) (*J4*)

Das große Bergdorf (575 Ew.) 55 km südöstlich an der Straße von Olympia nach Megalópolis und zum Tempel von Bassai ist sehr ursprünglich. In den alten, meist zweigeschossigen Natursteinhäusern wohnen überwiegend ältere Menschen; die Jugend zieht in die Städte. Die Läden entlang der langen Dorfstraße stammen aus Tante Emmas Zeiten; in den Tavernen zeigt man sich über Gäste erfreut. Am schönsten sitzen Sie an der *Platía*, wo INSIDER TIPP köstliches Wasser aus einem Rohr im Stamm der alten Dorfplatane fließt. Freitagvormittags findet hier ein malerischer kleiner Wochenmarkt statt. Unterkunft bieten das dreigeschossige Herrenhaus *Archontikó* (*8 Zi. | Tel. 26 26 02 24 01 | www.archon*

OLYMPIA

tiko-andritsenas.gr | €€– €€€) und die zentral an der Platía gelegene Pension **INSIDER TIPP** **Epikurian Apollo** *(6 Zi. | Tel. 26 26 02 28 40 | www.diakoporama.gr | €€).*

BASSAI (VASSÄ) (126 C5) (*m J4*)

Verpackungskünstler Christo hätte den *Apollon-Tempel* 70 km südöstlich in der Bergeinsamkeit von Bassai nicht perfekter verhüllen können: Der besterhaltene antike Tempel außerhalb Athens, dessen Anblick zwei Jahrhunderte lang die Herzen aller Griechenlandreisenden höher schlagen ließ, ist zu seinem Schutz heute vollständig unter einem futuristisch anmutenden Zelt verborgen. Säulen und Gebälk werden durch Rohre und Stützen verunziert. Der erst 1756 wiederentdeckte Tempel darf nicht mehr betreten werden, eine eingehende Betrachtung ist wegen der Enge des Zelts kaum möglich. Eine Befreiung vom Zelt nach erfolgter Restaurierung ist frühestens in 25 Jahren zu erwarten. Die Fahrt hinauf lohnt nur noch, wenn man um die besondere kunsthistorische Bedeutung des Tempels weiß, die in der völlig neuartigen Innenraumgestaltung lag. Hier in Bassai wurden vom Architekten Iktinos, der auch den berühmten Parthenon-Tempel auf der Athener Akrópolis entwarf, zum ersten Mal in der griechischen Baugeschichte korinthische Kapitele verwendet. Im Innenraum wurde – ebenfalls zum ersten Mal – darauf verzichtet, das Dach durch Säulenstellungen zu stützen. So war die Cella anders als üblich nicht dreischiffig, sondern wirkte als lichter Raum. Eine neue Innenraumauffassung zeigte sich auch in den nicht außen, sondern innen angebrachten Friesen mit

Der Apollon-Tempel von Bassai wird durch ein Zelt geschützt

ELIS UND ARKADIEN

Reliefdarstellungen. Sie sind heute im Britischen Museum in London zu sehen. *Wegen schwankender Öffnungszeiten und evtl. Straßensperrungen im Winter vorher anrufen, meist tgl. 8.30–15 Uhr | Tel. 26 26 02 22 54 | 3 Euro*

KAIÁFAS (126 B5) (*H4*)
Rund um Kaiáfas 25 km südlich von Olympia hat es im Sommer 2007 besonders heftig gebrannt. Die Wälder an den Berghängen am Ostufer des Sees und sogar die Bäume auf den Dünen am Strand wurden vernichtet, aber der alte Pinienwald auf der über einen kurzen Damm von der Nationalstraße her erreichbaren Insel mit dem alten Kurhaus blieb in voller Schönheit erhalten. Thermalbäder nimmt man heute im neuen *Kurhaus (tgl. 8–14 Uhr)* am Ostufer des Sees.

KÁSTRO (126 A3) (*G2*)
Kástro (850 Ew.) ist ein beliebter Ferienort für motorisierte Urlauber, die von hier aus in wenigen Minuten viele gute Sandstrände erreichen und zusätzlich die Atmosphäre eines ursprünglich gebliebenen Dorfes genießen können. Überragt wird der gut 60 km nordwestlich gelegene Ort von der Festung *Chlemoútsi (Mai–Okt. tgl., Nov.–April Di–So 8.30–15 Uhr | 3 Euro)*, im 13. Jh. für den fränkischen Kreuzritter Geoffroy II. de Villehardouin erbaut. Den Kern der teilweise restaurierten Anlage bildet die sechseckige Zitadelle, deren überwölbte Säle entlang der Außenmauern ein Bild vom ritterlichen Leben vermitteln. Im ebenfalls ummauerten Vorhof der Burg sind Reste einer Moschee zu erkennen. Der Blick von der Festung reicht übers Ionische Meer bis zur Insel Zákinthos.

Sehr gut wohnen können Sie in der kleinen **INSIDER TIPP** *Pension Katsénos (4 Apartments | Tel. 26 23 09 51 43 | €)* bei besonders freundlichen Wirtsleuten in kleinen, ebenerdigen Apartments nahe der Platía an der Straße nach Loutrá Killínis.

KATÁKOLO (126 A4) (*G3*)
Den ganzen Sommer über liegen im kleinen Hafen von Katákolo große Kreuzfahrtschiffe. Die meisten ihrer Passagiere widmen ihm keine Aufmerksamkeit, sondern fahren gleich per Ausflugsbus oder Taxi nach Olympia weiter. Um auch den Reisenden, die in Katákolo bleiben wollen, etwas bieten zu können, hält die Gemeinde zwei von einem sehr engagierten Privatmann konzipierte Museen geöffnet. Das eine widmet sich der Technik in der Antike und zeigt z.B. Modelle von Belagerungsmaschinen und Kränen, einer antiken Taschenuhr und eines antiken Weckers. Das andere ist Nachbauten antiker Musikinstrumente gewidmet. *An der Hauptstraße am Bahnhof | geöffnet, wenn Kreuzfahrtschiffe im Hafen liegen | Eintritt je 2 Euro*

LOUTRÁ KILLÍNIS (126 A3) (*G3*)
Loutrá Killínis war bis 2004 ein bescheidenes Thermalbad mit kilometerlangem Sandstrand vor einem hohen Dünenstreifen. Dann eröffnete ein deutsch-griechisches Hotelunternehmen hier knapp 60 km nordwestlich von Olympia das größte und modernste Ferienresort des Peloponnes mit den Hotels *Grecotel Olympia Oasis* und *Grecotel Olympia Riviera Thalasso (Tel. beide 26 23 06 44 00 | www.grecotel.gr | €€€)* auf einem Riesenareal am Meer, Letzteres mit umfangreichen Wellnessangebot im ● *Thalassotherapie Center*. Da die meisten Hotelgäste auf dem Hotelareal bleiben, finden Sie weiter nördlich noch immer viele wenig bevölkerte Strandabschnitte. Von den Hotelgästen wenig beachtet wird auch das alte Kurhaus direkt an der Zufahrtsstraße zum Strand, das in

TRÍPOLI

einem schattigen Eukalyptuswald liegt. Gleich daneben quillt mineralhaltiger Heilschlamm aus primitiven Bodenlöcher und -gruben. Den Schlamm können Sie gerne für eine Fangopackung direkt aus der Natur verwenden *(siehe Low Budget-Kasten S. 66)*.

Ein ursprünglich gebliebener Urlaubsort ist das 2 km südlich gelegene *Arkoúdi* mit kleinem Sandstrand und vielen kleinen Hotels und Pensionen sowie familiären Tavernen. Gut wohnen Sie hier im Hotel *Bráti-Acoudi (104 Zi. | Tel. 26 23 09 63 50 | www.brati-hotels.gr | €€)*.

TRÍPOLI

(127 E5) *(K4)* Trípoli (25 500 Ew.), die Hauptstadt Arkadiens, liegt am Rand der fruchtbaren Arkadischen Hochebene, in der überwiegend Getreide angebaut wird.

In der Ferne sind im Nordwesten die Gipfel des fast 2000 m hohen Ménalongebirges sichtbar; im Nordosten steigt das über 1700 m hohe Artemísiogebirge auf, durch das ein Tunnel führt, der Trípoli über Griechenlands modernste Autobahn mit Korinth verbindet. Trípoli selbst ist eine geschäftige Kleinstadt auf 660 m Höhe ohne große Sehenswürdigkeiten. Abends und an Wochenenden fallen die vielen Soldaten auf, die hier stationiert sind.

Der Ort wurde erst im 14. Jh. gegründet, war ab 1770 die Hauptstadt des türkisch besetzten Peloponnes und wurde 1827 von den Türken dem Erdboden gleichgemacht. Aus dem 19. Jh. blieben nur wenige klassizistische Häuser erhalten; das Stadtbild ist deshalb leider überwiegend nichtssagend modern. Angenehm und auffällig ist jedoch die große Zahl von Plätzen in der Stadt; die *Platía Georgíou A´* und die autofreie *Platía Aréos* sind die bedeutendsten.

SEHENSWERTES

ARCHÄOLOGISCHES MUSEUM
In dem klassizistischen Bau aus dem 19. Jh. sind vor allem die Götterstelen (englisch: *herm*) beachtenswert. Es sind pyramidenförmige Säulen, die in Arkadien den Platz der sonst üblichen Götterstatuen einnahmen. Außerdem besitzt das Museum eine umfangreiche Sammlung von Reliefdarstellungen aus Antike und Mittelalter. *Odós Evangelistrias | Wegweiser von der Odós Georgíou A´ aus | Di–So 8.30–15 Uhr | 2 Euro*

ESSEN & TRINKEN

GRAN CHALET
Gepflegtes Restaurant am Hauptplatz mit guter Weinauswahl, reichhaltiger Pizzakarte, guten Steaks und schmackhaften Kleinigkeiten zum Ouzo. *Platía Aréos | €*

TA KLIMATÁRIA PITERÓS 🌿
Die schon 1933 gegründete Taverne wird jetzt in vierter Generation von den Brüdern Níkos und Vassílis Piterós geführt. Sie lebt überwiegend von einheimischen Gästen, die eine schnörkellose bodenständige Küche zu fairen Preisen zu schätzen wissen. Die griechischen Nudeln sind hausgemacht, exzellent ist u.a. *lagotó*, Schweinebraten in einer dicken Knoblauchsauce. Im Angebot sind auch viele vegetarische Gerichte. *Odós Kalavríton 11 | €€*

EINKAUFEN

Einkaufsstraßen sind *Odós Ethnikís Antistaséos* und *Odós Ermoú*. Sie verbinden die *Platía Georgíou B´* mit der *Platía Aréos*.

AM ABEND

Romantiker sitzen zur Zeit des Sonnenuntergangs im auch bei gutbetuchten

ELIS UND ARKADIEN

Vitaminreiche Alltagsszene auf dem Wochenmarkt in Trípoli

Einheimischen beliebten *Café Touristikon* am Hauptplatz mit einer der kitschigsten Einrichtungen Griechenlands. Der Blick über den Platz auf das Gerichtsgebäude und die Berge unterm Abendhimmel ist ebenso einmalig. Die Jugend trifft sich im Garten der *Pólis Lounge* neben dem Gerichtsgebäude oder geht ins städtische Freiluftkino gleich nebenan.

ÜBERNACHTEN

ANAKTÓRIKON
Zimmer und öffentliche Räume im Hotel gegenüber dem Rathaus geben sich klassizistisch, bei aufwändigen Restaurierungen wurden viele historische Details schön herausgearbeitet. *30 Zi. | Odós Ethnikís Antistaséos 50/Odós Deligiánni | Tel. 27 10 22 25 45 | www.anaktorikon.gr | €€€*

MÉNALON
Klassisches, aufwendig modernisiertes Hotel, relativ ruhig unmittelbar am Hauptplatz der Stadt gelegen. *36 Zi. | Platía Aréos | Tel. 27 10 23 03 00 | www.mainalonhotel.gr | €€€*

ZIELE IN DER UMGEBUNG

DIMITSÁNA ★ ☼ (127 D4) (*J3*)
Das große, lebhafte Dorf (600 Ew.) auf und an einem lang gestreckten Felsvorsprung über dem tiefen Tal des Flusses Loúsios ist eines der ursprünglichsten Dörfer des Peloponnes. Es liegt 60 km nordwestlich von Trípoli 7 km von der Hauptstraße entfernt abseits der gängigen Urlauberrouten. 2 km außerhalb des Dorfs zeigt das einzigartige Freiluftmuseum ● INSIDERTIPP *Water Power Museum* (Mi–Mo 10–16 Uhr | www.piop.gr |

TRÍPOLI

3 Euro) in restaurierten Wassermühlen, Gerbereien, Schwarzpulverfabriken und Destillerien auch anhand von Videos, womit die Talbewohner im 18./19. Jh. zu Wohlstand gelangten und wie die Arbeitsprozesse abliefen.

2 km weiter klebt das *Kloster Emialó* an einer Felswand; die Klosterkirche birgt Fresken aus dem 17. Jh. Von der Straße nach Karítena zweigt eine Asphaltstraße ab, die hinunter ins Loúsiostal führt. Dort steht, atemberaubend vielgeschossig an eine Felswand gebaut, das INSIDER TIPP *Mönchskloster Prodrómou*, von dem aus man auch zum restaurierten, wieder von acht Mönchen bewohnten *Kloster Philosóphou* hinüberwandern kann. Vom Kloster Prodrómou führt eine Asphaltstraße weiter zu den spärlichen, aber romantisch gelegenen Ruinen des antiken *Äskulap-Heiligtums von Górtys*. All diese Ziele sind von Dimitsána aus auch auf markierten Wanderwegen erreichbar.

In Dimitsána gibt es mehrere Pensionen. Zentral gelegen und gut ist INSIDER TIPP *Ioánnis Kazás (17 Zi. | Tel. 27 95 03 14 66 | www.xenonaskaza.gr | €–€€)* über dem Supermarkt zwischen Polizei und National Bank und einem Neubau in traditionellem Stil nahebei.

KARÍTENA (127 D5) (*J4*)

Stark übertreibend wird das weit auseinandergezogene Dorf gut 50 km westlich an einem Fels über dem Alfióstal manchmal das Toledo Griechenlands genannt. Die *Burg (unregelmäßig geöffnet, fragen Sie vor dem Aufstieg im Dorf)* stammt aus fränkischer Zeit. Sie spielte im griechischen Freiheitskampf gegen die Türken eine bedeutende Rolle, da von hier aus die Passstraße zwischen Megalópolis und der Elis kontrolliert werden konnte.

Kein Weg scheint hinaufzuführen zum Kloster Elónas in der Steilwand

ELIS UND ARKADIEN

Die Außenmauern sind sehr gut erhalten, die Gebäude im Innern verfallen oder zerstört. Sehenswert ist auch die vielbogige *Brücke* über den Alfiós, die ihre heutige Form 1441 erhielt. Sie steht unmittelbar neben der modernen Straßenbrücke. Wohnen können Sie in der *Pension Vrénthi (8 Zi. | Tel. 27 91 03 16 50 | Rezeption im gleichnamigen Kafenío an der Hauptstraße | €)*, einem schönen, neuen Natursteinbau.

KLOSTER ELÓNAS ★ ☼
(131 E2) (*m* L5)

Fährt man vom knapp 100 km südöstlich gelegenen Leonídio durch die Schlucht des Flusses Dafnó ins Párnongebirge hinauf, erblickt man nach einigen Kilometern plötzlich wie ein Trugbild das blendend weiße Kloster Elónas viele Hundert Meter höher an der Steilwand eines Felsens. Kein Weg scheint hinaufzuführen – und doch ist man ein paar Kilometer weiter auf dem Parkplatz unmittelbar vor dem Kloster. Ein Fußweg führt von hier unter Felsüberhängen hindurch auf die kleine Terrasse, auf der sich Kirche und Klostergebäude an und unter den Fels zwängen. Ist die Kirche verschlossen, läutet man die Kirchenglocke, und sofort kommt eine Nonne herbei, um die Tür zu öffnen. Unter der Kirchendecke hängen zahllose Öllampen dicht an dicht, gestiftet von Gläubigen, denen ein Gebet im Kloster geholfen hat. Andere stifteten den Ikonen ein wertvolles Oklad, also einen Überzug aus edlen Metallen, auf dem getrieben und zieseliert genau das dargestellt ist, was zuvor auf der Ikone gemalt zu sehen war. Besonders schön ist die Ikone Mariens als Leben spendender Quell mit großartigen Darstellungen der Kranken und Lahmen, die diesen Brunnen vor einem Kloster in Konstantinopel aufzusuchen pflegten, um geheilt zu werden.

KLOSTER LÚKOS (127 F5) (*m* L4)

Neben dem blumenreichen Nonnenkloster mit freskengeschmückter Kirche legen Archäologen die Sommervilla des Herodes Atticus aus dem 2. Jh. frei. *4 km von Ástros (45 km südöstlich von Trípoli), dort gut ausgeschildert*

LANGÁDIA ★ (127 D4) (*m* J3)

Die aus Naturstein erbauten Häuser des gut 60 km nordwestlich gelegenen Dorfs liegen an einem unglaublich steilen Berghang über mehrere Hundert Höhenmeter verstreut. Treffpunkt der 700 Ew. sind die schmalen ☼ Aussichtsterrassen an der Hauptstraße, die das Dorf etwa in halber Höhe durchschneidet. Hier können Sie in der *Taverne Maniátis (€)* gut essen. Spezialitäten sind Spanferkel und im Backofen in einer Olivenöl-Oregano-Sauce gegartes Ziegenfleisch. Eine Riesenauswahl an kulinarischen Naturprodukten aus eigener Herstellung bietet 😊 INSIDER TIPP *Kanélla Mouroútsou* in ihrem schönem Geschäft an der Platía, in dessen Untergeschoss vormittags Nudeln produziert werden. Zimmer mit Panoramablick bieten die beiden modernen Hotels an der Hauptstraße, das ☼ *Kentrikó Maniátis (20 Zi. | Tel. 27 95 04 35 40 | €)* und das preiswerte ☼ *Motel Lagádia (18 Zi. | Tel. 27 95 04 32 02 | €)*.

LEONÍDIO (131 E2) (*m* L5)

Leonídio (3200 Ew.) ist der größte Ort an der Ostküste Arkadiens. Es liegt 92 km südöstlich unter senkrecht abfallenden, roten Felswänden am Ausgang der *Dafnóschlucht*, die sich hier zu einer kleinen Küstenebene mit vielen Olivenbäumen weitet. Die Natursteinhäuser des Städtchens wirken wohlhabend und gepflegt. An der Dorfstraße mit kleinen Läden heißt ein Schild Gäste willkommen, das selbst griechische Urlauber nicht lesen können: Es ist in einem 3000

TRÍPOLI

Jahre alten Dialekt beschriftet, dem Tsakonischen, das nur noch von älteren Leuten in der Umgebung von Leonídio gesprochen wird. Übernachten können Sie in der *Pension Itháki (8 Zi. | Tel. 2757022879 | €)* an der Hauptstraße oder direkt am Meer im ganzjährig geöffneten Apartmenthaus *Ta Kamária (10 Zi. | Tel. 2757022395 | €)*.

MANTÍNIA (127 E4) (*K3*)

Mantínia 15 km nördlich war in der Antike neben Tegéa und Pallántion eine von drei Städten in der etwa 600 m über dem Meeresspiegel gelegenen Arkadischen Hochebene. Erhalten blieben nur die spärlichen Überreste eines um 360 v. Chr. errichteten *Theaters* und der 4 km langen *Stadtmauer*, die einst mit 105 Türmen und zehn Toren ausgestattet war. Dem Eingang zu den *Ausgrabungen* gegenüber steht die ● kurioseste Kirche Griechenlands, 1970–1972 von einem Athener Architekten erbaut: Sie wirkt wie der Versuch, eine Kurzgeschichte der Architektur zu schreiben – antike und ganz verschiedene byzantinische Bauformen sind bunt zusammengefügt. Über den Wert des Ergebnisses muss jeder selbst urteilen.

INSIDER TIPP ORCHOMENÓS
(127 E4) (*K3*)

Auf einem lang gestreckten Bergrücken über einer von hohen Bergen umfassten, weiten Ebene liegen gut 30 km nördlich in unberührter Natur die Ausgrabungen der antiken Stadt *Orchomenós (frei zugänglich)* mit spärlichen Überresten der Stadtmauer, eines Theaters, eines Tempels und einer *agorá*. Das eigentliche Erlebnis sind weniger die bescheidenen Zeugnisse des Altertums als vielmehr ihre romantische Lage in einer wirklich arkadischen Landschaft mit Hirten und Herden. Leider gibt es in dieser Gegend aber viele bellende und manchmal auch bissige Hirtenhunde. *Zufahrt vom Bergdorf Levídi, im Weiler Orchomenós vor der Kirche dem roten Pfeil folgend bergan, nach 50 m links auf den Feldweg einbiegen und diesem bis zum Ende folgen*

PARALÍA ÁSTROS (127 F5) (*L4*)

Der moderne Ferienort (870 Ew.) 45 km östlich mit seiner weithin sichtbaren, erst 1825 erbauten *Burg* und einem kilometerlangen Kiesstrand ist vor allem bei griechischen Urlaubern beliebt.

STEMNÍTSA (YPSOUS)
(127 D5) (*J3*)

Das große Bergdorf auf 1080 m Höhe liegt 40 km westlich an der Straße zwischen Dimitsána und Karítena. Stemnítsa war in früheren Jahrhunderten wegen seiner Glockengießereien bekannt. Die Kirche *Ierárches* ist mit Fresken aus dem Jahr 1715, die Kirche *Panagía I Baféro* mit Fresken aus dem 15. und 16. Jh. und die Kirche *Ágios Nikólaos* mit Fresken aus dem 14. Jh. geschmückt.

TEGÉA (127 E5) (*K4*)

Tegéa war in der Antike die bedeutendste Stadt Arkadiens. Mitten im heutigen Dorf 10 km südlich von Trípoli wurden die eindrucksvollen Überreste des *Athena-Tempels* aus dem 4. Jh. v. Chr. ausgegraben. Er war als einziger Tempel des Peloponnes ganz aus weißem Marmor erbaut. Neben dem Tempel steht das kleine *Archäologische Museum (bis auf weiteres geschlossen)* mit arkadischen Götterstelen und Teilen vom Athena-Tempel.

2 km von Tegéa sind in einem Park am Rand des Dorfs *Episkopí Tegéas* weitere Überreste der alten Stadt Tegéa zu sehen: die Ruinen eines hellenistischen *Theaters* aus dem 2. Jh. v. Chr., einer *Säulenhalle*, einer frühchristlichen *Basi-*

ELIS UND ARKADIEN

lika und einer *mittelalterlichen Siedlung* aus dem 7.–13. Jh. Die moderne *Kirche* im Park wurde 1936–1939 vollständig ausgemalt. Vor dem Park findet Mitte August eine große INSIDER TIPP *Landwirtschaftsmesse* statt, die Volksfestcharakter hat.

wochenenden ein beliebtes Ausflugsziel der Griechen. In Tannenwäldern kann man wandern, im Dorf lohnen Laden und Werkstatt des Holzschnitzers *Papalamábras* an der Platía einen Besuch sowie die *Käse- und Teigwarenhandlung* nahe dem Platz an der Straße

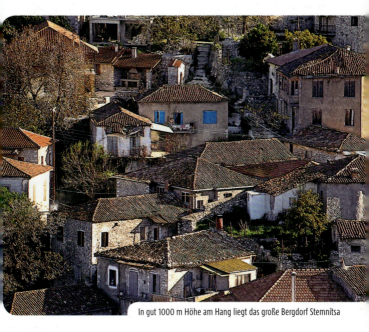

In gut 1000 m Höhe am Hang liegt das große Bergdorf Stemnítsa

TIRÓS (131 E2) (*L4*)

Tírós ist ein besonders schönes, strandnahes Bergdorf 80 km südöstlich von Trípoli über dem Argolischen Golf. Hier wohnt man in der INSIDER TIPP *Pension Spíti Kyparíssi* (5 Zi. | Tel. 27 57 04 16 68 | www.spiti-kyparissi.de | €€) im Ortsteil *Sapunakéika* wie in einem kleinen Paradies.

VITÍNA (127 D4) (*K3*)

Das Bergdorf (900 Ew.) knapp 40 km nordwestlich von Trípoli in 1000 m Höhe ist im Sommer und an Winter-

nach Olympia. Ebenfalls sehenswert ist das fast einer Galerie moderner griechischer Kunst gleichende ★ *Art-Hotel Maínalon* (60 Zi. | Tel. 27 95 02 22 17 | www.artmainalon.gr | €€€) eines Athener Galeristen an der Kirche. Die Taverne INSIDER TIPP *Ta Kókkina Pithária* (www.kokkinapitharia.gr | €€) an der Hauptstraße 20 m unterhalb der Platía ist die beste im Ort. Lassen Sie sich nicht davon abschrecken, dass viele Gerichte laut Speisekarte im „flower pot" serviert werden: Gemeint ist damit ein Tontopf.

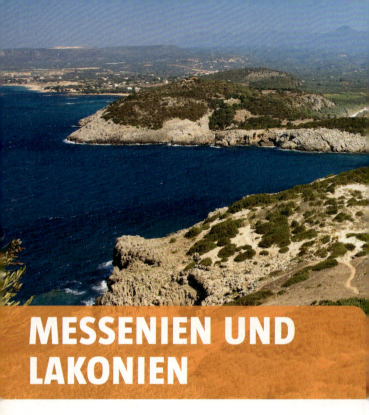

MESSENIEN UND LAKONIEN

Den südlichsten Teil des Peloponnes mit drei seiner vier Finger bilden Messenien im Westen und Lakonien im Osten. An archäologischen Stätten ist diese Region etwas ärmer, aber große Namen erklingen auch hier: Sparta allen voran.
Mittelalterliche Burgen gibt es hingegen ungewöhnlich viele. Von ihnen aus wurde der Seeweg um den Peloponnes kontrolliert. Auch Byzantinisches ist reichlich vertreten. Außer vielen Kirchen hat Lakonien zwei der prächtigsten Ruinenstädte aus spätbyzantinischer Zeit zu bieten: das auch landschaftlich reizvolle Mistrás und das unbekanntere Geráki.
Schließlich locken mit Monemvassía eine belebte venezianische Stadt und mit der Máni eine besonders wilde, raue Landschaft. Ihre mittelalterlichen Dörfer mit hohen Wehrtürmen wirken wie Siedlungen von einem anderen Kontinent. Die Máni ist ausgesprochen arm an Stränden. Ansonsten aber verwöhnen die Küsten Lakoniens und Messeniens alle Sonnenanbeter mit hervorragenden Sandstränden. Einer der schönsten ganz Griechenlands liegt auf der winzigen Insel Elafónissos im Lakonischen Golf. Kilometerlang sind die Sandstrände auch um Gíthio und bei Kalamáta, bei Koróni und Methóni. Als Dorado für Surfer sticht Finikoúnda hervor, Traumstrand und Naturparadies zugleich ist die Voidokiliá-Bucht bei Pílos. Nördlich von ihr ist mit Costa Navarino Anfang dieses Jahrzehnts eins der ausgedehntesten und luxuriösesten Ferien-Resorts des griechischen Festlands entstanden.

Bild: Blick in die Voidokiliá-Bucht bei Pílos

> Neben Sparta, der wilden Máni und venezianischen Einflüssen ist im Süden vor allem das Ägäische Meer stets gegenwärtig

AREÓPOLI

(130 C4) (*K6*) **Die Gemeinde (775 Ew.), die den Namen des Kriegsgottes Ares trägt, ist das historische Zentrum der Máni.**

Die Manioten waren ein kriegerisches und aufrührerisches Volk. Unterstützt wurden sie in ihrem Freiheitsdrang durch die Natur ihrer Heimat, der Halbinsel Máni. Steile Küsten fast ohne Strände und Häfen sowie das unzugängliche Taigéttosgebirge prägen diesen mittleren der drei Finger des Peloponnes. Der Zugang war und ist nur über Kalamáta oder Gíthio möglich. Im Süden ist die Máni extrem trocken, im Norden grün und stark zerklüftet. Die Türken haben die Máni nie erobert.

In Frieden lebten die Manioten trotzdem nicht. Sie hielten auf Gedeih und Verderb zusammen, wenn es gegen äußere Feinde ging – untereinander aber waren sie sich oft spinnefeind. In der Máni galten strenge Ehrgesetze; Blutrache war an

AREÓPOLI

Wohnen wie die Manioten: Hotel im Wohnturm in Areópoli

der Tagesordnung. In den Dörfern fallen noch heute bis zu 20 m hohe Türme auf. Es sind trutzige Familienburgen mit Schießscharten in den bis zu 1,5 m dicken Mauern, von denen aus die Manioten auch Krieg mit ihren Dorfnachbarn führten – bis in die Mitte des 19. Jhs.

Nach dem Zweiten Weltkrieg wurden viele Häuser verlassen, die Dörfer verfielen. Seit den Neunzigerjahren wandelt sich das Bild. Historische ★ ● *Wohntürme* wurden in stimmungsvolle Hotels umgewandelt, immer mehr Manioten restaurieren ihr Erbe oder bauen neu im traditionellen Stil.

SEHENSWERTES

KIRCHEN

Abgesehen von den Wohntürmen sind die drei kleinen Kirchen Hauptsehenswürdigkeiten der Stadt. An der großen Platía mit dem Mavromichális-Denkmal, die zugleich auch Busbahnhof ist, steht die *Ágios-Athanássios-Kirche* mit einigen wenigen Freskenresten. In der Südwestecke des Platzes beginnt neben der Gemeindebibliothek eine schmale Autostraße, die nach etwa 200 m zur Kirche *Ágios Jánnis Pródromos* führt. Sie ist vollständig mit gut erhaltenen Fresken aus dem 15. Jh. ausgemalt. Folgt man von der Platía aus der Hauptstraße, gelangt man zunächst zur ebenfalls freskengeschmückten *Doppelkirche der Panagía und des Ágios Charálambos* und dann zur Hauptkirche *Agíí Taxiárchi* mit Fresken von 1978. Außer der Hauptkirche sind alle Kirchen tagsüber geöffnet.

ESSEN & TRINKEN

BÁRBA PÉTROS

Hier bekommen Sie traditionelle maniotische Küche – aber nur abends. Schöne Terrasse im Grünen zwischen Natursteinmauern, faire Preise. *An der Hauptdorfgasse zwischen Platía und Hauptkirche | tgl. ab 19 Uhr | €€*

NICHÓLAS CORNER 🌿

Die große, schlichte Taverne am Hauptplatz des Ortes hält eine Vielzahl täglich frisch zubereiteter griechischer Gerichte in verschiedensten Zubereitungsformen bereit. Auch an Vegetarier wird gedacht, z.B. in Form der mit Reis und Kräutern gefüllten Zucchini-Bällchen *kolokithokeftédes*. *Kentrikí Platía | €*

EINKAUFEN

INSIDER TIPP ARTOPOIEÍO 🌿

Die vielleicht schönste Bäckerei ganz Griechenlands wurde zu Beginn unseres Jahrtausends überwiegend mit EU-

MESSENIEN UND LAKONIEN

Mitteln geschaffen. In zahlreichen Körben liegen unterschiedliche Brot- und Zwiebacksorten, frisch aus dem Backofen kommen gefüllte Blätterteigtaschen. Den herrlichen Duft in diesem Geschäft werden Sie sicher lange in Erinnerung behalten. Gebacken wird nach traditionellen Rezepten ohne industrielle Hilfsmittel unter weitgehender Verwendung regionaler Zutaten. *Zwischen Kirche Agíi Taxiárchi und Hotel Kapetanákos Tower | Mo–Sa 8–21.30, So 8–15 Uhr*

ADOULÓTI MÁNI
Ein manischer Maniote bietet in seinem filmreif unordentlichen Laden alles, was Bezug zu seiner Heimat hat: T-Shirts und Ansichtskarten, alte und neue Bücher, Trödel und traditionelle Musik. *Kentrikí Platía | tgl. ca. 9–21 Uhr*

AM ABEND

Fast direkt an der Hauptkirche ist die kleine INSIDERTIPP *Bukka Home Bar* ein romantischer Platz für einen entspannten Drink. 350 m unterhalb der Kirche (dort Wegweiser) bietet die *Bar Arnéa* freitags und samstags griechische Livemusik in den Abendstunden. Diskotreff ist im Juli und August ab 22 Uhr der *Aíthrio Club* 1 km außerhalb an der Straße nach Kalamáta.

ÜBERNACHTEN

KAPETANÁKOS TOWER
In dem alten Wohnturm von 1865, 100 m von der Hauptkirche entfernt, ist jetzt ein kleines Hotel mit sieben klimatisierten Zimmern untergebracht, darunter auch Vierbettzimmer. Zum Haus gehört ein schöner Garten. *Tel. 27 33 05 12 33 | www.manitravel.de | €€*

LÓNDAS
Wohnturm eines Athener Malers, der in Zürich studiert hat. Das Frühstück wird auf der Dachterrasse serviert. Nur 50 m von der Hauptkirche entfernt, Mindestaufenthalt zwei Nächte. *4 Zi. | Tel. 27 33 05 13 60 | www.londas.com | €€€*

MARCO POLO HIGHLIGHTS

★ **Wohntürme**
In Areópoli wohnt man stilvoll in den historischen Trutzburgen der Máni
→ S. 78

★ **Pírgos Diroú**
Kahnfahrt durch eine Tropfsteinhöhle
→ S. 81

★ **Váthia**
Das Bilderbuchdorf in der wilden Máni gleicht einer Felsenburg
→ S. 82

★ **Elafónissos**
Eine kaum bekannte Insel mit traumhaft schönen Stränden → S. 91

★ **Ithómi/Messíni**
Die besterhaltenen antiken Stadtmauern des gesamten Peloponnes
→ S. 86

★ **Voidokiliá-Bucht**
Wunderschöner Sandstrand vor hohen Dünen → S. 89

★ **Monemvassía**
Romantik pur in venezianischen Gassen und Hotels mit viel Flair
→ S. 90

★ **Mistrás**
Eine Hauptstadt in Ruinen mit prächtigen Kirchen und Klöstern → S. 94

AREÓPOLI

ZIELE IN DER UMGEBUNG

INSIDER TIPP ÁGIOS NIKÓLAOS
(130 C3) (*K6*)

Das kleine, sehr fotogene Dorf ist der aktivste Fischereihafen der messenischen Máni und vom Tourismus bisher kaum entdeckt. Direkt am Hafen wird jeden Vormittag ein kleiner Fischmarkt abgehalten, Linienbusse fahren mehrmals täglich zum 1 km entfernten Kiesstrand *Pantázi Beach* sowie in die Nachbarorte *Stúpa* und *Kardamíli* und zweimal täglich in nahe Bergdörfer, so dass man zur Küste zurückwandern kann. Zahlreiche Apartments und Ferienvillen vermietet *Tsouméas Travel (Tel. 27 21 06 40 74 | www.tsoumeas.com | €–€€€)* direkt am Hafen.

GEROLIMÉNAS (JEROLIMIN)
(130 C5) (*K7*)

Das knapp 25 km südlich gelegene Dorf (55 Ew.) mit einem der wenigen Häfen der Inneren Máni ist eine Neugründung des 19. Jhs. Die Lage ist erheblich schöner als der Ort: Die Bucht von Gerolimenás wird auf einer Seite von einer eindrucksvollen Steilküste gesäumt. Gut ist die *Fischtaverne Óroma (€€€)* am Hafen.

GÍTHIO (131 D4) (*L6*)

Die angenehm ursprünglich gebliebene lakonische Hafenstadt (4500 Ew.) 27 km nordöstlich ist für Reisende aus Richtung Sparta das Tor zur Máni. Zugleich hat der Ort als Hafen im Fährverkehr nach Kreta und als Fischereistützpunkt Bedeutung. So manches, was kleine Boote und größere Trawler hier anlanden, kommt in ● den vielen Fischtavernen und Ouzerien an der Uferstraße und am kleinen Zentralplatz recht preisgünstig auf den Tisch. Vom hohen Alter der Stadt zeugen als Einziges noch Reste von zehn Sitzreihen eines römischen Theaters am Ostrand der Stadt *(gut ausgeschildert | frei zugänglich)*.

Auf dem der Stadt an der Straße zur Máni vorgelagerten Inselchen *Marathonísi*, das über einen Straßendamm erreichbar ist, steht der Wohnturm *Tzanetákis Tower*. In ihm ist das *Historisch-Ethnologische Museum (tgl. 9.30–13 und 17–21 Uhr | 2 Euro)* der Máni untergebracht. Hier bietet die *Taverne To Nisí (€)* große Auswahl griechischer Gerichte. Zum Übernachten sind die *Pension Sága (11 Zi. | Tel. 27 33 02 32 20 | sagapension.gr | €)* und das *Hotel Aktéon City (22 Zi. | Tel. 27 33 02 35 00 | www.aktaionhotel.gr | €€)* empfehlenswert, beide an der Uferpromenade. Das beste Antiquitätengeschäft des Peloponnes finden Sie ebenfalls an der Uferpromenade: *Paliatzoúres (Odós Vas. Pávlu 25).*

KARDAMÍLI (130 C3) (*K5*)

Das 46 km nördlich gelegene Kardamíli (330 Ew.) ist zwar der bedeutendste Fremdenverkehrsort der Máni, aber viel Trubel müssen Sie auch hier nicht befürchten. Entlang der Hauptdurchgangsstraße gibt es ein paar Boutiquen mit Kunstgewerbe und Kleidung, das sehr gute *Reisebüro Wundertravel (Unterkünfte, Busausflüge, Wandertouren | Tel. 27 21 07 31 41 | www.wundertravel. de)* und die liebevoll geführte *Café-Bar Androuvísta* als Treff der vielen in der Region ansässigen Ausländer. Oberhalb der Hauptstraße stehen am südlichen Ortsende die Überreste von *Alt-Kardamíli* mit Wehrturm und Kirche samt 17 m hohem Glockenturm *(frei zugänglich)*. Baden können Sie an einem langen Kiesstrand. Zu Wanderungen lädt die 15 km lange *Schlucht von Vírou* ein. Ein Linienbus bringt Sie morgens zum Ausgangspunkt des Weges im 450 m hoch gelegenen Bergdorf *Exochóri* hinauf. Auf den Klippen am Meer isst man in *Lela's Taver-*

MESSENIEN UND LAKONIEN

na (€€). Zentral wohnen können Sie in der INSIDER TIPP *Pension O Kípos tis Skardámoulas (6 Zi. | Tel. 27 21 07 35 16 | €€)* an der Platía. Das beste Hotel am Platz steht im Grünen in der Nachbarbucht: das *Kalamítsi (35 Zi. | Tel. 27 21 07 31 31 | www.kalamitsi-hotel.gr | €€€)*.

ne Kapelle steht. Gehen Sie von dieser Kapelle zur westlich gelegenen Bucht hinunter und durchqueren Sie die spärlichen Reste einer antiken Siedlung. So können Sie in ungefähr einer schattenlosen Stunde zum Leuchtturm direkt am Kap wandern.

Die Bucht von Kalamítsi liegt idyllisch in der grünen Máni

MARMÁRI (131 D5) (*Ø K7*)

Der winzige Weiler knapp 40 km südlich von Areópoli mit zwei schönen Sandstränden und der guten *Taverne Marmári (€€)*. Nur 4 km von hier entfernt ragt *Kap Ténaro* in die Ägäis hinaus. Wo die Asphaltstraße dorthin an einer Taverne *(€)* endet, vermuteten die Menschen der Antike einen der Eingänge zum Totenreich und befragten hier die Schatten ihrer verstorbenen Verwandten in einem Totenorakel um Rat. Von einem kleinen Poseidon-Tempel zeugen Mauerreste, über denen jetzt eine klei-

PÍRGOS DIROÚ ★ ● (130 C4) (*Ø K6*)

An der Bucht von Pírgos Diroú 10 km südlich sind fast auf Meereshöhe weitläufige Tropfsteinhöhlen entdeckt worden. Eine davon, die *Vlichádahöhle (Juni–Sept. tgl. 8–17.30, Okt.–Mai 8–14.30 Uhr | inkl. Bootsfahrt 12 Euro)*, können Sie auf einer halbstündigen Bootsfahrt über einen unterirdischen Fluss kennenlernen. In anderen Höhlen wurden zahlreiche Funde aus vergangenen Jahrtausenden gemacht, die in einem kleinen *Museum (Di–So 8.30–15 Uhr | Eintritt frei)* ausgestellt sind. Am

Strand bei den Höhlen können Sie sich auf kindskopfgroßen Steinen sonnen.

STÚPA (130 C3) (*K5*)

Das Dorf (625 Ew.) 40 km nördlich von Areópoli hat sich wegen seines feinen Sandstrands zum Ferienort entwickelt. Tamarisken auf dem Sand bieten Schatten, das Ufer fällt kinderfreundlich flach ab. Man wohnt gut nur 100 m vom Strand entfernt im *Hotel Léfktron (32 Zi. | Tel. 27210 77322 | www.lefktron-hotel.gr | €)*. Zahlreiche weitere Hotels, Apartments und Ferienhäuser finden Sie unter *www.zorbas.de.* Ein INSIDER TIPP ganz besonderes Ferienhaus *(€€€)* wird wochenweise unter *www.theoriginalzorbashouse.de* vermietet. In ihm wohnte 1917/18 der berühmte Schriftsteller Níkos Kazantzákis, Autor des später auch mit Anthony Quinn in der Hauptrolle verfilmten Romans „Alexis Sorbas".

INSIDER TIPP THALÁMAI
(130 C4) (*K6*)

In dem Dorf (200 Ew.) 20 km nördlich sind direkt an der Straße vier kleine *byzantinische Kirchlein* sehenswert. Besonders schön ist die *Metamórfosis-Kirche* aus dem 13. Jh. auf dem Dorffriedhof. Die Kapitelle der vier Säulen, die die Kuppel tragen, sind mit reizvoll-naiven Reliefs verziert: Dargestellt sind eine Sphinx, die ein Tier im Maul trägt, ein Bogenschütze bei der Jagd und zwei Füchse, die einen von einem Hasen geführten Pflug ziehen.

VÁTHIA ★ (131 D5) (*K7*)

Im südlichsten Teil der Inneren Máni 33 km südöstlich stehen auf einem Felsvorsprung dicht gedrängt die Wohntürme von Váthia, das durch diese enge Bebauung von Weitem wie eine Felsenburg wirkt. Von Váthia aus können Sie durch eine bizarre Kleinfelslandschaft noch einige Kilometer weiterfahren zur *Bucht von Pórto Kágio* mit guten Fischtavernen.

KALAMÁTA

(130 B–C 2–3) (*J5*) **Die Hauptstadt Messeniens (49 000 Ew.) wurde am 13. September 1986 von einem schweren Erdbeben verwüstet.**

Es gab zwar „nur" 20 Tote und 300 Verletzte, aber ein Viertel aller Häuser wurde zerstört, die gewachsene Altstadt vernichtet. Inzwischen ist sie weitgehend schöner als zuvor wiedererstanden, in die alte Markthalle sind Kunstgalerien eingezogen. Haupteinkaufs- und Flaniermeile der Neustadt ist die breite *Odós Aristoménous,* das abendliche Leben

MESSENIEN UND LAKONIEN

spielt sich im Sommer vor allem an der Uferpromenade ab.

SEHENSWERTES

ALTSTADT
Wer einen Eindruck von der Altstadt bekommen möchte, spaziert am besten vom Bahnhof zum *Kástro (Mo–Fr 10–13.30 Uhr | Eintritt frei)* auf dem Burgberg. Dabei kommt man an der byzantinischen Kirche *Agíí Apóstoli* vorbei. Für Eisenbahnfans lohnt der kostenlose Besuch der großen **INSIDER TIPP** Freiluftausstellung historischer Züge im Stadtpark nahe dem Hafen.

ARCHÄOLOGISCHES MUSEUM
Eins der modernsten Museen des Landes in der alten Markthalle der Stadt. Alle Funde hier stammen ausschließlich aus Messenien. *Odós Benáki/Odós Papazóglou | April–Okt. Di–So 8–20, Mo 13.30–20, Nov.–März Di–So 8.30–15 Uhr | 3 Euro*

ESSEN & TRINKEN

AKROGIÁLI (KOILÁKOS)
Der Klassiker unter den Tavernen der Stadt. Frischer Fisch, Fleisch vom Holzkohlegrill. *Odós Navarínou 12 | Uferstraße | €€€*

ATHANASSÍOU
In der größten Konditorei der Stadt finden Sie eine Reisenauswahl an Kuchen, Torten und orientalischem Gebäck, hausgemachtem Eis und leckeren Snacks. Frisch ausgebacken werden die Hefeteigbällchen *lukumádes*, die mit flüssigem Honig, Sesam

Wohntürme prägen auch das Ortsbild von Váthia an der Südspitze der Halbinsel Máni

KALAMÁTA

und Puderzucker serviert werden. *Kentrikí Platía/Odós Sidirú Stathmú | €*

CHOULIÁRA
Mittags stets gut von Einheimischen besuchte Taverne mit großer Auswahl gekochter Gerichte im Schautresen. *Odós Neolóndos 61/Platía 23is Martíou | €*

LIMÁNI-KARAMÁNOS
Frischer Fisch, Risotto mit Muscheln, Spaghetti mit Meeresfrüchten, aber auch Kleinigkeiten wie Zucchinireibekuchen, Käsekroketten und mit Knoblauch gefüllte Sardinen stehen auf der Karte. *Odós Psaró 146 | am Handelshafen | So-Abend geschl. | €€*

EINKAUFEN

INSIDER TIPP I MILÓPETRA/THE MILLSTONE
Große Auswahl an Naturprodukten aus der Region, größtenteils schön verpackt, darunter Oliven, Olivenöl, Johannisbrotmehl, Honig, Marmeladen. *Odós Benáki 6 | an der alten Markthalle | tgl. 8.30–23 Uhr*

STRÄNDE

Gebadet wird am kilometerlangen Kiesstrand zwischen Handelshafen und östlichem Stadtrand.

ÜBERNACHTEN

GALAXY
Das einfache Mittelklassehotel liegt sehr zentral in einem ruhigen Wohnviertel; meist ist in der Nähe auch ein Parkplatz zu finden. *36 Zi. | Odós Kolokotróni 14 | Tel. 27 21 08 60 02 | www.hotel-galaxy.gr | €€*

INSIDER TIPP ÓSTRIA
Modernes Hotel an der Uferstraße mit sehr gutem Preis-Leistungs-Verhältnis. Sehr sauber, sehr freundlich. Lärmempfindliche verzichten auf Meerblick und nehmen ein Zimmer nach hinten. *67 Zi. | Paralía Odós Navarínou 95 | Tel. 27 21 02 38 49 | €€*

REX
Das historische Spitzenhotel der Stadt hat nach dem Erdbeben von 1986 erst 1999 seine Pforten wieder geöffnet. Die Zimmer sind im historischen Stil gestaltet. *44 Zi. | Odós Aristoménous 26 | Tel. 27 21 02 23 34 | www.rexhotel.gr | €€€*

ZIELE IN DER UMGEBUNG

CHÓRA (130 A2) (*M H5*)
Das große Dorf (3500 Ew.) knapp 50 km westlich nahe der Westküste liegt in einem in mykenischer Zeit bedeutenden Gebiet. Im *Archäologischen Museum*

ROSENKRANZ? KOMBOLÓI!

Vor allem ältere griechische Männer spielen stets mit einem *kombolói*, einem dem katholischen Rosenkranz ähnlichen Kettchen. Es hat jedoch keine religiöse Bedeutung, sondern dient nur dem Zeitvertreib. Wahrscheinlich haben es die Griechen in Abwandlung der türkisch-islamischen Gebetskette übernommen; sie reduzierten dabei die Zahl der Perlen erheblich. Besonders groß ist das Angebot an *kombolóia* in der Stadt Nauplia.

MESSENIEN UND LAKONIEN

(Di–So 8.30–15 Uhr | 2 Euro) sind zahlreiche sehenswerte Objekte ausgestellt. Im ersten Saal sind die Goldfunde aus nahen mykenischen Gräbern und zwei übermannshohe, *pithoi* genannte Vorratsgefäße bemerkenswert, die als Sarkophage dienten. Im zweiten Saal sind Freskenreste aus dem Palast des Nestor ausgestellt und in einer Vitrine in der Saalmitte zahlreiche Tontafeln mit der mykenischen Linear-B-Schrift, die 1952 als frühes Griechisch identifiziert werden konnte. Im dritten Saal sind Gegenstände aus dem mykenischen Alltag zu sehen, darunter ein sehr praktisch wirkender Grill für Fleischspieße.

4 km südlich des Dorfs liegen an der Straße nach Pílos die bedeutenden Ausgrabungen des *Nestor-Palasts (Di–So 8.30–15 Uhr | 3 Euro)*. Erheblich anschaulicher als in Mykene kann man hier erkennen, wie Fürstenpaläste in mykenischer Zeit gestaltet waren. Hier hat wahrscheinlich auch Nestor residiert, jener sagenhafte weise König, der nach Homer noch in hohem Alter mit der ungewöhnlich großen Zahl von 90 Schiffen am Trojanischen Krieg teilnahm. Deutlich zu erkennen sind die einzelnen Räume, die auch durch griechisch und englisch beschriftete Tafeln gekennzeichnet sind. Sie sehen u. a. den Thronsaal und die Lagerräume mit in den Boden eingelassenen Vorratsgefäßen, eine Badewanne, den Raum der Königin, die Ansätze von Treppen ins Obergeschoss und Bänke an den Wänden eines Warteraums.

Sogar eine Badewanne ist im gut erhaltenen Palast des Nestor in Chóra noch zu bewundern

FINIKOÚNDA (FINIKUS)
(130 B3) (*J6*)

Das Dorf 60 km südwestlich zwischen Weinbergen und Gemüsefeldern ist ein

KALAMÁTA

Hinter dem 7 m hohen Arkadischen Tor beginnt das antike Messíni

bei Griechen und Fremden gleichermaßen beliebter Badeort. Eine Reihe von Tavernen steht direkt auf dem Sandstrand. Ebenso schön ist die etwas erhöht über dem Hafen gelegene *Taverne Helena House (€€)*, wo in der Vor- und Nachsaison freitagabends griechische Livemusik erklingt. Eine Spezialität sind mit Minze und Knoblauch gefüllte gegrillte Sardinen, und auch das *briám* wird weithin gerühmt. Wohnen kann man außer in vielen Privatzimmern auch 50 m vom Strand im *Hotel Finikoúnda (30 Zi. | Tel. 27230 71408 | €€)*. Abends trifft man sich in der Disko *Memory* an der Straße nach Methóni unter freiem Himmel.

ITHÓMI/MESSÍNI ★ (130 B2) (*J5*)

In den Bergen nördlich des Messenischen Golfs liegt knapp 50 km nordwestlich das kleine Dorf *Mavromáti* wie ein Theater mit Meerblick hoch über der grünen Küstenebene. Es steht an der Stelle der 369 v.Chr. gegründeten antiken Stadt Messíni (Messéne), die auch den noch älteren Namen Ithómi trug und seit spätklassischer Zeit die Hauptstadt Messeniens war. Seit 1987 führen griechische Archäologen umfangreiche Ausgrabungen durch, die sich über mehrere Quadratkilometer strecken. Mit EU-Geldern konnten viele der antiken Bauten teilrestauriert werden, so dass hier eine der schönsten archäologischen Landschaften des Peloponnes entsteht. Ein weiter Blick in die Natur und bis aufs Meer hinaus gehört dazu. Mindestens vier Stunden sollten Sie für einen Besuch einplanen.

Die Zufahrt erfolgt am besten vom großen Dorf *Meligalás* aus. Kurz vor dem nächsten Dorf, *Neochóri,* führt das Sträßlein über eine eigenartige, dreischenklige *Brücke aus der Antike,* die ausgerechnet exakt über den Zusammenfluss zweier Flüsse gebaut wurde.

Sie erreichen das Stadtgebiet des antiken Messíni am *Arkadischen Tor,* dem besterhaltenen Stadttor Griechenlands. Noch 7 m hoch stehen seine sorgfältig gearbeiteten und völlig ohne Mörtel gefügten Mauern. Auf der anderen Seite des Tors gabelt sich die Straße. Fahren Sie nach rechts, kommen Sie nach 1 km zu einer *Castle* genannten Stelle, an der die Stadtmauer noch besonders gut erhalten ist. Fahren Sie nach links, kommen Sie ins Dorf Mavromáti. Nach rechts unten biegt am Ortseingang eine kleine Straße zum Grabungsgelände ab. Es zieht sich einen sanften Hang hinunter und ist von viel Grün umgeben. Zunächst sehen Sie rechts ein in den Hang hinein gebautes *Theater*, dann links ein *Brunnenhaus*, das mit seinen drei Zisternen zur Wasserversorgung der Stadt beitrug. Sie kommen auf den antiken *Marktplatz*. Er war einst von vier Säulenhallen umgeben, in seiner Mitte stand ein Tempel für Göttervater Zeus. Daran schloss sich

MESSENIEN UND LAKONIEN

das *Asklipíon* an, ein ebenfalls von Säulenhallen umstandener Hof mit einem Tempel für den Heilgott Äskulap und einem zweiten, kleineren *Theater* an seiner Ostseite. Am unteren Rand der Ausgrabungen haben die Archäologen exzellent restauriert. 18 steinerne Sitzreihen blieben erhalten, von bis zu 110 m langen Säulenhallen sind die Grundmauern zu erkennen *(Mai–Sept. tgl. 8.30–19, sonst Di–So 8.30–15 Uhr | Eintritt frei, demnächst evtl. 3 Euro | www.ancientmessene. gr | keine Toiletten!).*

An der Hauptstraße folgt sofort nach der Abzweigung zu den Ausgrabungen das *Archäologische Museum (Di–So 8.30–15 Uhr | 2 Euro).* Bedeutendstes Ausstellungsobjekt ist die kopf- und fußlose Marmorstatue eines Speerträgers aus dem 1. Jh. Sie gilt als Kopie eines bronzenen Meisterwerks des berühmten antiken Bildhauers Polyklet, der sie um 440 v.Chr. schuf. Sie galt vielen antiken Griechen als Idealbildnis eines jungen Mannes schlechthin.

An der Hauptstraße im Dorf liegen die beiden einzigen Pensionen des Ortes, *Ithómi (4 Zi. | Tel. 27 24 05 14 98 | über der gleichnamigen Taverne | €)* und *Zeus (2 Zi., Etagenbad | Tel. 27 24 05 10 05 | €).*

Hier zweigt ein Sträßlein nach links oben ab, das nach 1500 m das *Lakonische Tor* passiert. Dort beginnt ein Pfad, der entlang der antiken Stadtmauer in etwa einer Stunde auf den ☼ Berg *Ithómi* führt. Oben stehen die Reste der *Akrópolis* und ein verlassenes *Kloster* aus dem 14. Jh.

KORÓNI ● (130 B4) (*M J6*)

Eingebettet in grüne Landschaft mit sanften Weinbergen und Zypressen liegt gut 50 km südwestlich mit Koróni (1700 Ew.) eines der schönsten Küstenstädtchen des Peloponnes. Fischernetze werden am Hafen ausgebreitet und hängen zum Trocknen auch in den Gassen, die zur venezianischen *Burg* hinaufführen. Innerhalb der Burg stehen noch einige Wohnhäuser und das Nonnenkloster *Timíou Prodrómou,* in dessen Garten schon ab Februar Geranien blühen. Auf einem Teil der Ruinen einer Basilika haben die Türken eine kleine *Moschee* erbaut, zwischen den Burgmauern ruhen die Toten der Stadt.

Jenseits der Burg setzt sich die Küste im rötlich-gelb schimmernden Sandstrand *Zága Beach* fort, den man vom Hafen aus in zehn Minuten zu Fuß erreichen kann. Dort steht in 2 km Entfernung vom Ort auch das größte Hotel von

LOW BUDG€T

▶ Das Restaurant mit dem wohl besten Preis-Leistungs-Verhältnis auf dem ganzen Peloponnes ist *Nichólas Corner/To Stéki tou Nikóla* an der großen Platía Athánaton in Areópoli in der Máni. Klasse sind z. B. die mit Reis und Kräutern gefüllten Zucchini in einer Sauce aus Zitrone, Crème fraîche und Blumenkohlbrühe. Zu zweit wird man hier inklusive Wein für 20–24 Euro satt – und trägt den köstlichen Geschmack noch lange auf der Zunge.

▶ Eine der schönsten archäologischen Stätten Griechenlands sind die Ausgrabungen von Alt-Messéne beim heutigen Dorf Mavromáti. Der Eintritt dort ist für alle an allen Tagen frei. Wer auch noch das Geld fürs Mittagessen in einer Taverne sparen will, nimmt ein Picknick mit – schöne Plätze dafür gibt es in dem weitläufigen Gelände reichlich.

KALAMÁTA

Koróni, das *Auberge de la Plage (48 Zi. | Tel. 27 25 02 24 01 | www.koroni.gr.net | €€)*. Ein kleines, modernes Hotel zwischen Hafen und Hauptkirche ist das *Diána (8 Zi. | Tel. 27 25 02 23 12 | www.dianahotel-koroni.gr | €€)*. Am Hafen ist die Fischtaverne *To Maístrali (€€)* besonders zu empfehlen.

mittelbar vor der Burg sitzt man gut. Das INSIDER TIPP *Hotel Methóni Beach (13 Zi. | Tel. 27 23 02 87 20 | www.methonibeachhotel.gr | €€)* ist ein historisches Haus am Burggraben. Bestes Hotel ist das *Methóni Amalía (36 Zi. | Tel. 27 23 03 11 29 | €€€)*, dessen Zimmer alle ☀ Balkon mit Meerblick haben. Fast direkt am Strand stehen

Das Nonnenkloster Timíu Pródromu ist Teil der Burg von Koróni

METHÓNI (130 A3) (*H6*)

In Methóni (1200 Ew.) 62 km südwestlich kann man unmittelbar unterhalb der mächtigen Mauern einer venezianischen *Burg (tgl. 8–15 Uhr | Eintritt frei)* baden. Sie nimmt eine ganze Halbinsel ein und war den Venezianern von 1209 bis 1500 und von 1685 bis 1715 ein wichtiger Stützpunkt für ihre Kriegs- und Handelsflotte. Während des griechischen Freiheitskampfs unterhielten die Türken hier einen großen Sklavenmarkt für griechische Gefangene. Im Garten der *Taverne Klimatária (€)* un-

die 14 einfachen Reihenbungalows der *Melina Apartments (Uferstraße Richtung Koróni | Tel. 27 23 03 15 05 | www.methoni-apartments.gr | €–€€)* auf über 7000 m² Rasenfläche nur 200 m vom Ortszentrum entfernt.

PÍLOS (130 A3) (*H5*)

Außerhalb Griechenlands ist die landschaftlich besonders schön gelegene Kleinstadt (2100 Ew.) 50 km westlich unter ihrem mittelalterlichen Namen *Navaríno* bekannter: Hier versenkte

MESSENIEN UND LAKONIEN

1827 eine Flotte von englischen, französischen und russischen Schiffen in vier Stunden heftigsten Kampfes 55 von 82 Schiffen der türkischen Kriegsflotte.

Pílos liegt am Südende einer großen Bucht, die durch die heute unbewohnte Insel *Sfaktería* vom offenen Meer abgegrenzt wird. Auf der Insel erinnern zahlreiche Denkmäler an die Sieger und die Toten der Schlacht. Vom Hafen aus startet jeden Morgen um 11 Uhr eine zweistündige Bootsfahrt zu den Denkmälern. Hier können Sie auch ohne Bootsführerschein Motorboote mieten, um selbst in der Bucht zu kreuzen und verschiedene Strände anzusteuern *(Rundfahrt 12 Euro, Bootsmiete 60–70 Euro pro Boot und Tag | www.pilosmarine.com).*

In Pílos selbst lohnt die Besichtigung der *Burg (Mai–Okt. Di–So 8.30–17, Nov.–April 8.30–15 Uhr | 3 Euro)*, in der Archäologen die Grundmauern zahlreicher historischer Bauten freilegen.

Direkt am Hafen können Sie im schon etwas älteren *Hotel Miramare (28 Zi. | Tel. 27 23 02 27 51 | www.miramarepylos.gr | €)* wohnen oder im moderneren *Hotel Karális (35 Zi. | Odós Kalamátas 26 | Tel. 27 23 02 29 60 | www.hotel-karalis.com | €€)*. Wer auf sein tägliches Bad im Meer nicht verzichten mag, wohnt gut in Giálova im Nordosten der Bucht mit kilometerlangem Sandstrand, der unmittelbar am *Hotel Zoe (44 Zi. | Tel. 27 23 02 20 25 | www.hotelzoe.com | €€–€€€)* beginnt.

VOIDOKILIÁ-BUCHT ★
(130 A3) (*M* H5)

Am nördlichen Ende der Bucht von Navaríno 60 km westlich von Kalamáta liegt unterhalb der Festung Pýlos zwischen Osmanagalagune und Ionischem Meer einer der schönsten Badestrände Griechenlands: die *Rinderbauchbucht*. Kilometerlang erstreckt sich feiner Sand vor hohen Dünen. Faszinierend anzusehen ist bei Wind die Brandung am schmalen Durchlass zum offenen Meer. Am Burgberg ist eine Grotte zu erkennen, die *Höhle des Nestor* genannt wird; von hier aus führt ein steiler Pfad hinauf zur über antiken Mauern in fränkischer Zeit erbauten *Burg*.

Das der Bucht am nächsten gelegene Dorf ist *Petrochóri*. Nur wenig nördlich des Dorfes beginnt das weitläufige Gelände des *Costa Navarino Resort (www.costanavarino.com)*, der bedeutendsten touristischen Neuentwicklung Griechenlands in diesem Jahrhundert. Zwei Hotels bieten hier 767 Zimmer und Suiten an, die zwischen 40 und 192 m² groß sind: das *Romanos Resort (321 Zi. | Tel. 27 23 09 60 00 | www.romanoscostanavarino.com | €€€)* und das *Westin Resort (446 Zi. | Tel. 27 23 50 00 | www.westincostanavarino.com | €€€)*. Beide offerieren auch je eine Präsidentenvilla mit über 600 m² Wohnfläche. Zum Resort gehören zwei 18-Loch-Golfplätze, entworfen von Bernhard Langer und Robert Trent Jones jr. *(siehe Sport & Aktivitäten, S. 102)*.

Während der Erdarbeiten für das Resort wurden zahlreiche antike Funde gemacht, die in einem eigenen Museum auf dem Hotelgelände ausgestellt werden sollen. Für Golfplätze und Hotelbauten mussten über 6500 alte Olivenbäume umgepflanzt werden, ◐ bei Neuanpflanzungen wurde bewusst auf exotische Arten verzichtet. Weitläufige Parkanlagen mit phantasievoll gestalteten Swimmingpools, eine Badelandschaft und ein Hotel speziell für Kinder („Sand-Castle", *siehe Mit Kindern unterwegs, S. 106*), Radwege und Joggingpfade wurden angelegt.

Zudem biete das ● *Anazoe Spa* ein umfassendes Wellness-Angebot von der Eisgrotte bis zur Kräutersauna. Die

MONEMVASSÍA

Gäste können tauchen, klettern und an geführten naturkundlichen Wanderungen teilnehmen; es gibt Kurse für griechische Küche und auch traditionelles Handwerk wird vorgestellt. Bei „Philosophischen Spaziergängen" unter tausendjährigen Olivenbäumen können Sie mit Professoren über Gott und die Welt nachdenken *(siehe Im Trend, S. 17)*. Selbst wenn Costa Navarino voll belegt ist, gibt es am Abend in den gastronomischen Einrichtungen kein Drängeln. Insgesamt 19 Cafés, Bars, Pubs und Restaurants erwarten ihre Gäste. Das gesamte Großprojekt hat wegen seiner einschneidenden Landschaftsveränderungen zwar viel Kritik erfahren. Andere heben jedoch hervor, dass es 1200 neue Arbeitsplätze und zahlreiche neue internationale Flugverbindungen in die Region schuf, die auch den Einheimischen und kleinen Hotels zu Gute kommen.

MONEMVASSÍA

(131 F4) *(M6)* ★ **Monemvassía (1300 Ew.) gleicht einer Filmkulisse. Stadtmauern und Festung, Häuser, Gassen und Plätze haben ihr spätmittelalterliches Gepräge bewahrt; kein Neubau stört das geschlossene Bild des Orts.** Innen aber haben die Häuser neue Funktionen bekommen. Sie dienen als Hotels und schicke Bars, gute Restaurants oder Filialen Athener Boutiquen und Galerien. Monemvassía ist mega-in; Athener Yuppies und Schickeria geben sich hier ein sommerliches Stelldichein.

Das alte Monemvassía liegt auf der Südseite eines 1700 m langen und 300 m breiten Felsens unmittelbar vor der Küste des Peloponnes, mit dem die Insel schon

Voidokiliá-Bucht: kilometerlanger Sandstrand und Dünen

www.marcopolo.de/peloponnes

MESSENIEN UND LAKONIEN

seit dem Mittelalter durch eine Brücke verbunden ist. Für die byzantinischen Fürsten von Mistrás war die stark befestigte Stadt bis 1464 ebenso bedeutend wie anschließend für die Venezianer, die sie mit Unterbrechungen bis 1715 besaßen. Sie nannten die Stadt Malvasia und exportierten von hier Wein nach Italien, der in Europa als Malvasierwein bekannt wurde.

Das neue Monemvassía liegt auf der Festlandseite der Brücke. Hier stehen zahlreiche weitere Tavernen, Hotels und Pensionen, hier gibt es auch kleine Strände. Das Preisniveau ist erheblich niedriger als in der Altstadt.

SEHENSWERTES

ALTSTADT
Sie betreten die Altstadt durch das alte Stadttor und gehen die Hauptgasse entlang zur Platía. Hier ist die mittelalterliche Kirche *Christós Elkómenos (tgl. 9–13 und 17–20 Uhr)* als einzige der vielen alten Kirchen in der Unterstadt für Besichtigungen geöffnet. Ein serpentinenreicher Fußweg führt auf das Felsplateau, das im Mittelalter dicht bebaut war. Hart am Abgrund steht hier mit der *Agía Sofía* die bedeutendste Kirche Monemvassías. Ein Pfad führt zum *türkischen Kastell* auf dem höchsten Punkt des Felsens, ein anderer zu ausgedehnten Zisternen.

ESSEN & TRINKEN

TO KANÓNI
Exzellentes Restaurant in der Altstadt mit Blick von den Terrassen auf Stadtmauern und Meer. *Platía | €€€*

SCÓRPIOS
Das freundliche, gut Englisch sprechende Wirtsehepaar Júli und Vasílis serviert gute Tavernenkost direkt am Meer. *An der Uferstraße zwischen Brücke und Hafen | €*

EINKAUFEN

Eine Spezialität des Orts ist INSIDER TIPP *amigdalotó*, eine griechische Variante des Marzipans. Sie wird in mehreren Geschäften an der Brücke angeboten.

AM ABEND

Ein Treffpunkt in der Altstadt ist die teure Bar *Enétiko*. In der Neustadt trifft man sich im *Rock Café* nahe der Brücke.

ÜBERNACHTEN

BYZANTÍNO
25 traditionell und stilvoll eingerichtete Zimmer und Apartments in mehreren Häusern in der Altstadt. *Tel. 27 32 06 13 51 | www.hotelbyzantino.com | €€€*

MALVÁSIA
20 Zimmer und Apartments, verteilt auf mehrere Häuser in der Altstadt. Rezeption an der Hauptgasse der Altstadt. *Tel. 27 32 06 30 07 | www.malvasia-hotel.gr | €€*

INSIDER TIPP VÍLA DIAMÁNTI
Sechs Doppelzimmer und drei Apartments in einer ruhig gelegenen Villa zwischen Küstenstraße und Meer mit schönem Blick auf den Felsen. Außerdem vermieten die Deutsch und Englisch sprechenden Inhaber auch sechs Bungalows am oberen Rand der Neustadt. *Ca. 300 m nördlich der Brücke, nahe am Meer | Tel. 27 32 06 11 96 | www.topalti.gr | €€*

ZIEL IN DER UMGEBUNG

ELAFÓNISSOS ★ (131 E5) (M7)
Im äußersten Süden der Parnónhalbinsel bietet sich Ihnen die Gelegenheit, das Leben auf einer winzigen, vom Tourismus wenig veränderten Insel kennenzulernen.

SPARTA

Elafónissos wird nur durch einen 1 km breiten Meeresarm vom Festland getrennt. Vom Festlandshafen Púnda aus fährt eine Fähre hinüber. Im einzigen Dorf der Insel leben noch etwa 750 Menschen; die meisten von ihnen sind Teil- oder Vollzeitfischer. 2000 weitere Insulaner verdienen ihren Lebensunterhalt in den großen Städten Athen und Piräus; viele von ihnen kehren nur in den Sommerferien auf ihre Heimatinsel zurück.

Das Inselleben spielt sich vor allem am Hafen mit seinen Ouzerien, Tavernen und Kaffeehäusern ab. Die Gassen im Dorf sind nur teilweise asphaltiert oder gepflastert; Alt- und Neubauten stehen beziehungslos nebeneinander. Für ein schnelles Bad zwischendurch sind die schmalen Ortsstrände völlig ausreichend. Der Traumstrand schlechthin und einer der besten des ganzes Landes jedoch ist der 4 km vom Ort entfernte, feinsandige ● *Símos Beach* mit seinen teilweise begrünten Dünen, flach abfallenden Ufern und weitgehenden Naturbelassenheit. Im Sommer fahren kleine Boote hin; eine Straße zu den Stränden ist geplant. Direkt am Wasser wohnen Sie im *Hotel Estélla (Uferstraße, nahe Hafen | Tel. 27 34 06 10 31 | www.elafonisoshotel.com.gr | €€)*, dessen 16 Studios und Apartments für bis zu vier Personen funktional und doch geschmackvoll eingerichtet sind; alle verfügen über Balkon oder Veranda mit Meerblick. Gut essen können Sie in der *Taverne Dagiandás (€)* am Hafenausgang, wo die Tische direkt auf dem Kieselsteinstrand stehen. *40 km entfernt*

SPARTA

KARTE AUF SEITE 133
(131 D2) (*K5*) **Sparta (Spárti), die Hauptstadt Lakoniens, war in der Antike der Gegenspieler Athens.**

Während sich in Athen eine lebensfrohe Demokratie entwickelte, die große Philosophen und Dichter hervorbrachte, blieb Sparta bis zum Ende seiner Selbstständigkeit im 2. Jh. v. Chr. ein von wenigen Adelsgeschlechtern regierter Militärstaat. Spartanische Lebens- und lakonische Ausdrucksweise sind sprichwörtlich geworden.

Vom berühmten Sparta blieben nur wenige Ruinen erhalten. Im Mittelalter wurde Sparta ganz aufgegeben und seine Bewohner siedelten im 13. Jh. aus der Ebene auf den Felsen von Mistrás um. Erst im Jahr 1834 wurde Sparta an alter Stelle erneut gegründet. Die Stadt (14 800 Ew.) mit ihrem nahezu rechtwinkligen Straßennetz ist für sich genommen wenig reizvoll – aber der Blick von den *Ausgrabungen* aus ist großartig: Sparta ist in ein grünes Tal aus Öl- und Orangenbäumen gebettet. Im Hintergrund ragt der Burgberg von Mistrás vor dem Taigéttosgebirge auf, dessen Gipfel in den meisten Jahren noch bis in den Mai hinein schneebedeckt sind.

SEHENSWERTES

AKRÓPOLIS

Am schönsten ist Sparta auf dem Akrópolis-Hügel. Antike Steine und Säulen liegen verstreut unter hoch gewachsenen Eukalyptus- und knorrigen Ölbäumen. Sie sehen die Überreste der spätrömisch-byzantinischen Stadtmauer, einer frühchristlichen Basilika und eines römischen Theaters. Der kurze Weg auf die Akrópolis beginnt an der Nordwestecke des modernen Stadions. *Frei zugänglich*

ARCHÄOLOGISCHES MUSEUM

Der klassizistische Bau liegt in einem schönen Park unmittelbar im Zentrum. Wertvollste Exponate sind zwölf römische Mosaike, archaische Stelen und das

MESSENIEN UND LAKONIEN

Von den spärlichen Überresten des antiken Sparta genießt man den Blick aufs Taigéttosgebirge

antike Tonmodell einer Kriegsgaleere mit Rammsporn. *Odós Evrótas | am Hotel Maniátis | Di–So 8.30–15 Uhr | 2 Euro*

INSIDER TIPP OLIVEN- UND OLIVENÖLMUSEUM

Hochmodern präsentierte Ausstellung rund um den Olivenanbau und die Olivenverarbeitung (Erklärungen auf Griechisch und Englisch). Kleiner Museumsladen. *Odós Othónos-Amalías 129 | Mi–Mo 10–17, März–Okt. 15.10–18 Uhr | 3 Euro | www.piop.gr*

ESSEN & TRINKEN

DIETHNÉS
Einfaches, Restaurant mit großer Auswahl, auch Gemüsegerichte und griechische Kuchen. Angenehm sitzt man im schönen Garten. *Odós K. Paleológou 105 | €*

ELLYSÉ
Die etwas spartanisch eingerichtete, familiär geführte Taverne serviert gute griechische Hausmannskost zu sehr vernünftigen Preisen. *Odós K. Paleológou 113 | €*

AM ABEND

KAKALÉTRI
Zu traditioneller Küche mit fairen Preisen bietet die Taverne an jedem Freitagabend ab 22 Uhr traditionelle Rembétiko-Musik, zu der oft Gäste zu vorgerückter Stunde tanzen. *Platía Néou Kósmou | €*

VARELÁDIKO
Die Taverne bietet in einem dörflichen Vorort 5 km vom Zentrum bietet im Winterhalbjahr an jedem Freitag- und

SPARTA

Samstagabend griechische traditionelle Live-Musik. Wirtin María hat 13 Jahre lange in Deutschland gelebt und spricht gut Deutsch. *Agía Kiriakí* | €

ÜBERNACHTEN

APÓLLON
Das einfache und relativ preiswerte Haus liegt in Zentrumsnähe. *47 Zi. | Odós Thermopílon Ecke Odós K. Paleológou | Tel. 27 31 02 24 91 | www.apollon-sparti.gr* | €

MENELÁION
Das Hotel in einem neoklassizistischen Gebäude von 1935 bietet ein sehr gutes Preis-Leistungs-Verhältnis und einen Pool. *51 Zi. | Odós K. Paleológu 91 | Tel. 27 31 02 21 61 | www.menelaion.com* | €€€

ZIELE IN DER UMGEBUNG

AMÍKLES (131 D3) (K5)
Der kurze 8-km-Abstecher nach Amíkles ist vor allem wegen des schönen Blicks über die grüne Ebene von Sparta und auf das Taigéttosgebirge lohnend. Vom *Apollonthron (frei zugänglich)*, der um 520 v. Chr. von den Spartanern auf diesem Hügelchen errichtet wurde, ist jedoch leider fast nichts mehr zu sehen.

GERÁKI (131 D–E3) (L5)
Das heutige Dorf Geráki (1350 Ew.) mit seiner schönen, kleinen Platía liegt 35 km südöstlich von Sparta an einem Hügel, von dem aus man gegenüber auf einem anderen Hügel die Ruinen der byzantinischen Stadt Geráki erkennen kann. Dort können Sie an dachlosen Kirchen und Hausresten vorbei zur *Ruine einer fränkischen Burg (Di–So 8.30–15 Uhr | Eintritt frei)* hinaufwandern.

MISTRÁS (MYSTRAS) ★
KARTE AUF SEITE 135
(130 C2) (K5)
Landschafts- und Kunstgenuss, Besichtigungen und Wanderungen lassen sich im 5 km westlich von Sparta gelegenen *Mistrás (Mai–Okt. tgl. 8–19, Nov.–April 8–15 Uhr | 5 Euro)* harmonisch verbinden. Die byzantinische Metropole des Peloponnes liegt am Hang eines steilen Bergs am Rand der Ebene von Sparta. Auf seinem Gipfel hatten fränkische Kreuzritter 1249 eine Burg angelegt, die die Byzantiner 1262 eroberten. Sie gründeten die Stadt zu ihren Füßen, die um 1700 noch 42 000 Ew. hatte und um 1800 immerhin noch 16 000. Heute sind die meisten Wohnhäuser verschwunden, die *Burg* und die *Paläste* der byzantinischen Fürsten sind Ruinen. Gut erhalten blieben die vielen *Kirchen* und *Klöster*.

Zwischen dem oberen und dem unteren Eingang zu Mistrás liegen 300 steile Höhenmeter. Wer den schweißtreibenden Aufstieg scheut, fährt mit einem Taxi zum oberen Eingang und kann dann zum unteren zurücklaufen. Eine Besichtigung dauert mindestens drei Stunden; Trinkwasser mitzunehmen ist empfehlenswert. Pfade und Sehenswürdigkeiten sind gut ausgeschildert. Im Folgenden wird ein Rundgang beschrieben, der am unteren Eingang beginnt und endet.

Die *Metrópolis* war die Bischofskirche der Stadt und schließt an den ehemaligen Bischofspalast an. Sie betreten sie von einem arkadengesäumten Innenhof aus. Die Fresken in der Kirche sind besonders gut erhalten. *Agíi Theodóroi Hodeghétria* beeindruckt sowohl durch ihr schönes Mauerwerk als auch durch ihre große Kuppel. Im Inneren deutlich zu erkennen sind die Fürstenloge und die Emporen an den Längsseiten, die ausschließlich den Frauen vorbehalten waren. Als *Palaces* wird das Ensemble der mächtigen Pa-

MESSENIEN UND LAKONIEN

lastruine bezeichnet, in der die Fürsten von Mistrás residierten. *Agía Sophía* aus dem 14. Jh. war Kloster- und Palastkirche zugleich. Zudem diente sie in türkischer Zeit als Moschee.

Das *Pantanássa-Kloster* wird immer noch von Nonnen bewohnt. Im blumenreichen Innenhof steht ein Trinkwasserbrunnen. Die Fresken stammen im unteren Teil aus dem 17./18. Jh., im oberen Teil aus dem 15. Jh. Als *Phrangópoulos Mansion* ist die Ruine eines stattlichen Hauses gekennzeichnet, das eine Vorstellung vom Wohnen der Wohlhabenden im 15. Jh. vermittelt. Das *Peribléptos-Kloster* stand auf mehreren Geländebenen. Die *Kirche* ist ein verwinkelter Bau mit gut erhaltenen Fresken aus dem 14. Jh. Die *Kapelle Ágios Geórgios* ist eine der vielen Privatkapellen der Stadt. Schön ist der zierliche, *Narthex* genannte Vorbau an der Südseite.

Im heutigen Dorf Mistrás finden Sie im Sommerhalbjahr folgende Übernachtungsmöglichkeiten: im *Hotel Byzántion (22 Zi. | Tel. 27 31 08 33 09 | www.byzantionhotel.gr | €€)* mit Swimmingpool und in der *Pension Éllinas (8 Zi. | Tel. 27 31 08 26 66 | www.mystrasinn.gr | €)*, die sich beide zentral am Dorfplatz befinden. Bestes Haus von Mistrás ist das kleine *Hotel Despotáto*, am Parkplatz am unteren Dorfrand gelegen. Der Natursteinbau birgt elf Zimmer und zwei Suiten; einige Zimmer bieten einen offenen Kamin *(Tel. 27 31 02 99 90 | www.despotato.com | €€)*. Linienbusse verbinden Mistrás tagsüber mit Sparta.

Heute von Nonnen bewohnt: Pantanássa-Kloster in der byzantinischen Metropole Mistrás

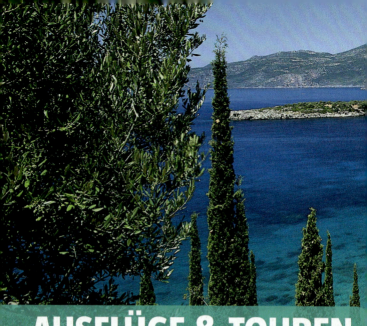

AUSFLÜGE & TOUREN

Die Touren sind im Reiseatlas, in der Faltkarte und auf dem hinteren Umschlag grün markiert

1 PELOPONNES FÜR KENNER

Eine von Ausländern nur sehr selten befahrene Traumstraße des Peloponnes führt von Korinth durch die Bergwelt nach Dervéni am Korinthischen Golf. Sie können die Strecke an einem Tag zurücklegen; besser lassen Sie sich aber zwei Tage Zeit und übernachten unterwegs am Stymphalischen See. Länge der Strecke von Korinth bis Dervéni: ca. 150 km.

Verlassen Sie Alt-Korinth nicht auf der Autobahn Richtung Trípoli, sondern benutzen Sie lieber die alte Landstraße Richtung Árgos. Von ihr können Sie in Dervenákia nach Neméa → S. 38 abzweigen. Museum, Stadion und Zeus-Heiligtum sind unbedingt sehenswert. Auch Weinkellereien können besucht werden. Zum Mittagessen lädt wenig später direkt an der Straße die Taverne Pisína mit großem Pool und Kinderplanschbecken ein. Kurz darauf lohnt ein Stopp an der Avin-Tankstelle: Sie ist zugleich Weinkellerei. Während der Tankwart für Nachschub an Benzin sorgt, können Sie sich hier ein INSIDERTIPP Fläschchen Wein abfüllen lassen.

Von Neméa fahren Sie weiter ins Hochtal von Stimfalía → S. 38, wo man gut essen und übernachten kann. Die Stille des Orts wussten vor über 700 Jahren auch schon katholische Zisterziensermönche zu schätzen. Die eindrucksvollen, frei zugänglichen Ruinen ihres Klosters stehen am westlichen Ortsrand links der Straße.

Bild: Küste bei Kardámili

Zu einzigartigen Kulturlandschaften, auf bergige Hochebenen, zu archäologischen Stätten und schließlich ans Meer

Unweit davon informiert ein modern gestaltetes **Umweltmuseum** über Flora, Fauna und Geologie der Region, deren Mittelpunkt der Stymphalische See mit seinen ausgedehnten Röhrichtzonen bildet.

Durch stille Bergdörfer wie **Kastaniá** geht es dann zunächst bis auf über 1100 m Höhe hinauf, bevor sich die Straße in das völlig weltabgeschiedene, ringsum von hohen Bergen umschlossene Tal von Feneós hinabsenkt. Im Ort **Feneós** lohnt das **Archäologische Museum** (unregelmäßige Öffnungszeiten) einen Besuch. Erholsam ist die kurze Fahrt über eine Waldstraße zum 1998 künstlich angelegten INSIDER TIPP **Doxá-Stausee**, in dem im Sommer auch gebadet wird. Eine Straße rund um den See führt Sie zur mittelalterlichen Kapelle Ágios Fanoúrios und zum Kloster Moní Feréou aus dem 17. Jh. Am Seeufer finden Sie bestimmt einen ruhigen Picknickplatz. Anschließend steigt die Hauptstraße wieder auf über 1200 m Höhe an, bis plötzlich tief unten der Korinthische Golf mit seiner schmalen, üppig-grünen Küstenebene in Sicht kommt. ☼ Kurvenreich geht es nun noch fast eine Stunde lang bergab, bis Sie **Dervéni** erreicht haben.

ZWEI TAGE IN DER MÁNI

Die Máni ist mit ihren Dörfern und Kirchen eine der ungewöhnlichsten Kulturlandschaften Europas. Man kann hier gut einen ganzen Urlaub verbringen. Zwei Tage benötigen Sie aber mindestens, wenn Sie sich einen Eindruck von dieser einzigartigen Region verschaffen wollen. Übernachtungsmöglichkeiten gibt es in vielen Orten. Ausgangspunkt dieser Tour ist Gíthio am Lakonischen Golf, Endpunkt Kalamáta am Messenischen Golf. Länge der Strecke: ca. 200 km.

11 km hinter Gíthio passiert die Straße Richtung Areópoli die kleine Festung **Passávas**. Sie war der letzte Außenposten der Türken gegen die Máni, die sie nie bezwingen konnten. Kurz darauf sehen Sie an den Berghängen bereits die ersten maniotischen Dörfer mit ihren typischen Wohn- und Wehrtürmen. Dann ist **Areópoli** → S. 77 erreicht, die winzige Hauptstadt der Máni. Falls Sie hier übernachten wollen, reservieren Sie am besten schon am Morgen ein Zimmer, um dann nach dem ersten Teil der Rundfahrt abends nicht mehr auf die Suche gehen zu müssen.

7 km hinter Areópoli zweigt in **Pírgos Diroú** → S. 81 eine Stichstraße zu den gleichnamigen Tropfsteinhöhlen ab. Für deren Besuch sollten Sie inklusive Wartezeit mindestens zwei Stunden einkalkulieren.

Links und rechts der Hauptstraße Richtung Süden liegen nun zahlreiche maniotische Wehrdörfer. Um mehr von ihnen zu sehen, verlassen Sie die Hauptstraße am besten ca. 1,5 km hinter **Triandafilliá** und fahren über eine Nebenstraße durch **Drίalos**, **Vámvaka** und **Príki** nach **Mína**, wo Sie dann wieder auf die Hauptstraße zurückkehren können. Sogleich lohnt ein insgesamt 4 km langer Abstecher in das winzige Küstendorf **Mézapos**. Mangels eines guten Hafens hängen hier die Fischerboote zum Teil an Kränen auf den Küstenfelsen und werden nur bei Bedarf zu Wasser gelassen.

An der Hauptstraße folgt **Kíta**, ein Dorf mit besonders vielen Wohn- und Wehrtürmen. Noch 1870 bekämpften sich hier zwei Familienclans so lange und heftig, dass schließlich die griechische Armee eingreifen und die Streitparteien per Kanonenschuss zum Friedensschluss zwingen musste.

Geroliménas → S. 80 gilt als bester Hafen der Máni. Viel schönere Orte für eine Mittagspause und vielleicht auch ein kurzes Bad sind jedoch **Pórto Kágio** mit seinen guten Fischtavernen und **Marmári** mit den besten Sandstränden der lakonischen Máni. Auf der Fahrt dorthin kommen Sie an **Váthia** → S. 82 vorbei, wo die Wehrtürme besonders dicht stehen. Wenn Sie Lust auf eine etwa zweistündige, allerdings völlig schattenlose Wanderung verspüren, folgen Sie der Straße zum Kap Ténaro und gehen von der dortigen Taverne aus durch die spärlichen Überreste einer antiken Siedlung zum Leuchtturm an der Südspitze der Máni.

Nun geht es auf die Hauptstraße zurück und weiter an den Lakonischen Golf. Besonders schöne Dörfer sind hier **Nífi** und **Flomochóri**. Schließlich erreichen Sie wieder **Areópoli**.

Standen am ersten Tag der Máni-Rundreise die Dörfer und ihre besondere Architektur im Mittelpunkt, sind es am zweiten Tag Kirchen und Strände. Von Areópoli aus windet sich die ☼ Straße

AUSFLÜGE & TOUREN

zunächst zur Bucht von **Liméni** hinunter. Hier steht noch das Geburtshaus des Freiheitskämpfers Pétrobey Mavromichális, dessen Denkmal Sie sicher in Areópoli gesehen haben. Es hat den für große Máni-Häuser typischen Aufbau und besteht aus einem hohen Wehrturm für Kriegs-, einem lang gestreckten Wohnhaus für Friedenszeiten und einer niedrigen Vorhalle für das Vieh.

Auf der anderen Seite der Bucht steigt die Straße wieder bergan. Nach ca. 1,5 km markiert ein Wegweiser die Abzweigung zur Klosterkirche **Dekoúlou**, die im 18. Jh. vollständig mit einer Vielzahl figurenreicher Fresken ausgemalt wurde (die Schlüsselverwahrerin wohnt im Kloster).

Vorbei am großen Dorf **Ítilo** geht es nun weiter nach **Thalámai** → S. 82 mit seinem schönen Brunnenhaus am Dorfplatz. Auf der Weiterfahrt lohnt ein kurzer Abstecher in den gar nicht mediterran, sondern eher nordatlantisch wirkenden Küstenort **Ágios Nikólaos** → S. 80. Zum Baden besser geeignet ist allerdings der Nachbarort **Stúpa** → S. 82 mit seinen schönen Sandstränden. Wer Kies bevorzugt, legt eine Badepause in **Kardamíli** → S. 80 ein. Von dort sind es dann noch knapp 40, landschaftlich sehr schöne Kilometer bis nach **Kalamáta** → S. 82.

3 ZENTRALER PELOPONNES

Ohne jeden Abstecher ans Meer führt Sie diese ausgedehnte Route durch die Hochebenen und Gebirge im Innern des Peloponnes. Sie bringt Sie durch faszinierende Landschaften in stille

Per Boot können Sie die Tropfsteinhöhle Pírgos Diroú kennenlernen

Bergdörfer und beliebte Sommerfrischen, zu bekannten und unbekannten archäologischen Stätten und in die Hauptstädte Lakoniens und Arkadiens, Sparta und Trípoli. Länge: 450 km. Dauer: 3–5 Tage.

Von **Nauplia/Náfplio** aus folgen Sie der Straße am Meer entlang über Néa Kíos nach Míli mit seinem idyllischen kleinen Fischerhafen. Am Ortsausgang passieren Sie die Ausgrabungen von **Lérna → S. 55** mit seinen jungstein- und bronzezeitlichen Hausruinen. Danach geht es in die Berge hinauf und auf zwar kurvenreicher, aber gut ausgebauter Straße hinunter in die weite Ebene von **Trípoli → S. 70**, der Hauptstadt Arkadiens. Wenn Sie ins verkehrsreiche Stadtzentrum hineinfahren mögen, lohnt eine Pause auf der weiten Platía Aréos mit ihren guten Cafés und Restaurants. Bei eher knapp bemessener Zeit fahren Sie besser gleich weiter gen Norden und steuern als erstes Ziel die einzigartige Kirche von **Mantínia → S. 74** an, die wie ein Stein gewordenes Geschichtsbuch der Kirchenarchitektur wirkt. Noch stiller und einsamer als hier ist es in **Orchomenós → S. 74** mit seinen in arkadischer Hirtenlandschaft gelegenen Ruinen einer antiken Stadt. **Vitina → S. 75** ist dann ein sehr lebendiger Ort auf 1000 m Höhe. Bei Griechen als Ausflugs- und Urlaubsziel im Sommer wie im Winter gleichermaßen beliebt, bietet es viele Hotels und Tavernen, eine schöne Platía und 🕐 gute Einkaufsmöglichkeiten für regionale Produkte.

Durch dichte Wälder geht es von dort weiter auf eine 1135 m hohe Passhöhe hinauf. Kurz danach zweigt nach links eine Straße ins einem Adlerhorst gleich auf einem Felsrücken gelegene Dorf **Dimitsána → S. 71** mit seinem interessanten Freiluftmuseum der Wasserkraft ab.

Das malerische Dorf Dimitsána liegt auf einem Berggrat

AUSFLÜGE & TOUREN

Wenn Sie hier übernachten, können Sie am nächsten Morgen eine ausgedehnte Wanderung im Tal des Flusses Loúsios unternehmen, die Sie auch zu besonders einsam gelegenen Klöstern führt.

Die Hauptroute führt von der Passhöhe abwärts ins große und fotogene Bergdorf Langádia → S. 73, wo Spanferkel und Ziegenfleisch besonders gut munden. Wenn Sie einmal durchs Dorf spazieren möchten, werden Sie mehrere hundert Höhenmeter zu überwinden haben – das regt den Kreislauf an. Ihr nächstes Etappenziel ist das berühmte Olympia → S. 61, für dessen Besichtigung Sie sich einen ganzen Tag Zeit nehmen sollten.

Nach Ihrem Aufenthalt am Geburtsort der Olympischen Spiele geht es wieder in die Bergwelt hinein. Entlang der gesamten Strecke bis nach Andrítsena → S. 67 können Sie noch immer deutlich erkennen, wie verheerend die großen Waldbrände auf dem Peloponnes im Jahr 2007 waren. In Andrítsena selbst haben sie keine Schäden angerichtet, so dass das Bergdorf mit vielen alten, unverputzten Natursteinhäusern seinen Charakter beibehalten konnte. Einen Schluck erfrischendes Quellwasser können Sie hier aus einer Platane nehmen. Auch regionaltypische Übernachtungsmöglichkeiten mit historischem Flair sind vorhanden. Sehr zu empfehlen ist ein Abstecher zum Apollon-Tempel von Bassai, der völlig allein in 1130 m Höhe in kahler Berglandschaft steht. Zu seinem Schutz haben Archäologen ihn in ein futuristisch anmutendes Zelt verpackt.

Ihr nächstes Ziel ist Karítena → S. 72 mit seiner kleinen mittelalterlichen Burg. Von hier aus sehen Sie schon die Schlote, die in Megalópolis in den Himmel ragen und rund um die Uhr gewaltige Dämpfe ausstoßen. Sie gehören zu zwei Kraftwerken, die mit der hier reichlich vorkommenden, allerdings minderwertigen und besonders schadstoffhaltigen Braunkohle befeuert werden. Trotzdem sollten Sie den Ausgrabungen des antiken Megalópolis nahe einem der Kraftwerke eine halbe Stunde Besichtigungszeit schenken.

Der Kreis Ihrer Rundfahrt durch den zentralen Peloponnes schließt sich dann in Trípoli, wo Sie am Stadtrand in Richtung Süden abbiegen können, ohne durch die Innenstadt fahren zu müssen. Die Tempelruinen von Tegéa lohnen für archäologisch besonders Interessierte noch einen Abstecher, bevor Sie nach knapp 70 km Fahrt Sparta → S. 92, die Hauptstadt Arkadiens, erreichen.

KORINTHS ANDERE SEITE

Zu Korinth gehören schon seit der Antike einige Orte auf dem der Stadt gegenüber liegenden Festlandsufer. Dort können Sie gut baden, Heilwasser trinken und eine interessante archäologische Stätte besuchen. Länge: Hin und zurück 60 km, Dauer 4–6 Stunden.

Ihr erstes Ziel ist der Bade- und Kurort Loutráki mit langem Kiesstrand, Spielcasino, Thermalbade- und mit mosaikengeschmückter Trinkkurhalle *(Mo–Fr 8–15.30, Sa/So 8–20 Uhr)*. Viele gute Fischtavernen säumen den 2 km langen und 1 km breiten See Límni Vouliagméni, der durch einen nur 6 m breiten Durchstich mit dem Korinthischen Golf verbunden ist. Die Straße endet vor dem 1897 erbauten Leuchtturm am Kap Iréo. Direkt unterhalb davon liegt ein Hera-Heiligtum *(frei zugänglich)*, in dem die Korinther schon seit dem 9. Jh. v. Chr. die Zeusgattin Hera verehrten. Die Stadt Korinth → S. 32 liegt genau gegenüber.

SPORT & AKTIVITÄTEN

Das organisierte Sportangebot auf dem Peloponnes ist nahezu immer an die wenigen Großhotels im Nordwesten und auf der Argolischen Halbinsel gebunden.

Aktivitäten im Binnenland werden hauptsächlich für griechische Urlauber organisiert. Ausländer können zwar mitmachen, Informationen erhalten Sie aber meist ausschließlich auf Griechisch.

ANGELN

Schnur und Haken bekommen Sie in jedem Küstenort an Kiosken oder in den Supermärkten. Brot reicht oftmals schon als Köder aus. Im Meer zu angeln ist ohne Einschränkungen auch Urlaubern erlaubt.

BUNGEE

INSIDER TIPP Bungeesprünge von der Straßenbrücke über den Kanal von Korinth bietet *Zulubungy* an. Andréas, einer der beiden griechischen Inhaber, ist in der Schweiz aufgewachsen und spricht Deutsch. Über 10 000 Springer aus mehr als 70 Staaten haben hier schon den Jump in die Tiefe gewagt. *April So, Mai/Okt. Sa/So, Juni–Aug. tgl., Sept. Di–So jeweils 10–18 Uhr | ca. 60 Euro/Sprung | Station am Festlandsufer der Brücke | Tel. 69 46 30 14 62 | www.zulubungy.com*

GOLF

Griechenlands neueste Golfplätze entstehen an der Westküste bei Pílos.

Ob im Wasser, an Land oder im Schnee: Der Peleponnes bietet Abwechslung und auch Angebote für ausgefallene Unternehmungen

Zwei davon wurden bereits 2010/11 auf dem Gelände des *Resorts Costa Navarino (siehe S. 89)* fertigstellt, designt von Bernhard Langer und Robert Trent Jones jr. ☺ Unter den Golfplätzen verlaufen 123 km Rohrleitungen zur Nutzung der Erdwärme. Darüber wurde eine Grassorte ausgesät, die 30 Prozent weniger Wasser braucht als andere Grassorten, die gewöhnlich auf Golfplätzen verwendet werden *(Tel. 21 09 49 02 00 | www.costanavarino.com)*.

MITSEGELN

In Korónis Hafen liegt eine Segelyacht holländischer Eigner; diese kann für Tages- und Mehrtagestörns (inkl. Skipper) für max. 8 Personen gechartert werden *(Areion Sail | Tel. 69 47 50 35 93 | www.areionsail.com | ca. 200 Euro/Tag plus Treibstoff)*.

MOTORBOOTE

Für Motorboote bis zu 30 PS brauchen Sie in Griechenland keinen Führerschein.

Einen Motorbootverleih gibt es in der Argolís *(Telis Motorboats | Toló, Barbaressa Jetty | Tel. 27 52 05 90 38)* und in Pílos in Messenien *(Am Hafen neben dem Hotel Karális | Tel. 27 23 02 24 08 | www.pilosmarine.com)*. Die Preise liegen je nach Bootsgröße und Saison bei 50–70 Euro/Tag. Treibstoff wird extra nach Verbrauch berechnet.

MOUNTAINBIKING

Der Peloponnes ist mit seinen vielen wenig befahrenen Asphaltstraßen, unbefestigten Feldwegen und Gebirgspfaden ein ideales Revier für Biker. Gute Mountainbikes werden allerdings nur in wenigen Orten und einigen Großhotels vermietet, so im *Hotel Aldemar Olympian Village* in Skafídia *(Tel. 26 21 08 20 00 | www.aldemarhotels.com)*, *Grecotel Lakopetra Beach* bei Káto Achaía *(Tel. 26 93 05 17 13 | www.grecotel.gr)*, *Grecotel Olympia Oasis* in Loutrá Killínis *(siehe S. 69)* oder die beiden Hotels im *Costa Navarino Resort (siehe S. 89)*. Orte mit Mountainbikevermietung sind u.a. Koróni, Kardamíli und Stúpa.

REITEN

Iris Bahlinger führt in Chráni bei Koróni einen Pferdehof. Sie bietet Ausritte und Tagestouren, Reitunterricht und heilpädagogisches Reiten an *(Ausritt 1 Std. 18 Euro, halbtägige Tour inkl. Verpflegung 60 Euro | Chráni | Tel. 27 22 03 18 52 | www.peripetia.de)*. Ausritte bietet auch *Marlis Stubenrauch (Tel. 27 25 05 14 82)* in Koróni an.

TANZEN

Unterricht in griechischen Tänzen gibt Ninette in ihrer *Tanzschule (Tel. 27 25 02 28 22)* am westlichen Ende der Uferpromenade von Gíthio jeden Dienstag von 20 bis 22 Uhr.

TAUCHEN

Gerätetauchen ist in Griechenland nur in wenigen, von den Archäologen des Landes dafür freigegebenen Revieren zulässig, weil sie fürchten, Taucher könnten antike Funde vom Meeresgrund mitgehen lassen. Von Mai bis September bietet *Jánnis Alexákis* Tauchkurse für Erwachsene und Kinder an: ● *Porto Heli Scuba Club | Portohéli | Mobiltel. 69 44 75 29 71 | www.greekdiving.com)*. Eltern können hier ihren Kleinen bei deren ersten Tauchgängen schnorchelnd von oben zusehen. Tauchunterricht, aber auch Schnorchelexkursionen bietet das *Pílos Dive Center (Tel. 27 23 02 24 08 | www.pilosmarine.com)* an der ansteigenden Uferstraße gleich neben dem markanten Hotel Karális in Pílos.

WANDERN

Der Peloponnes ist mit seinen vielen Gebirgen, einsamen Landstrichen und abwechslungsreichen Küsten ein ideales Wanderrevier. Brauchbare, aber nicht immer ganz zuverlässige Wanderkarten finden Sie in den Buchhandlungen vor Ort. Ein besonders gut ausgeschildertes Wegenetz ist im *Loúsiostal* bei Dimitsána geschaffen worden. Quer über den ganzen Peloponnes führt der ebenfalls gut markierte Europäische Fernwanderweg E 4. Er beginnt in der Hafenstadt *Égio* östlich von Patras und führt in etwa 100 Wanderstunden über *Kalávrita*, *Vitína*, *Trípoli* und *Sparta* bis nach *Gíthio* (englischsprachige Infos unter *www.oreivatein.gr*).

Geführte Wanderreisen auf dem Peloponnes bieten u. a. *Studiosus (www.*

SPORT & AKTIVITÄTEN

studiosus.com), die *Alpinschule Innsbruck (www.asi.at), skr-Reisen (www.skr.de), Baumeler Reisen (www.baumeler.ch), Imbach (www.imbach.ch)* und *Wikinger-Reisen (www.wikinger.de)* an. Deren Kataloge bekommen Sie im Reisebüro.

Beim Wandern sollten Sie immer festes Schuhwerk und lange Hosen tragen. Die Pfade führen oft durch stachlige Macchia, und Sie können auf giftige Schlangen treffen, die allerdings normalerweise rasch flüchten. Wasserflasche und Kopfbedeckung sind ebenfalls wichtig.

WASSERSPORT

In Anbetracht der vielen Strände des Peloponnes ist das Angebot an gut ausgestatteten Wassersportstationen wirklich dürftig. Für Könner und Anfänger empfehlenswert sind *Alpha Watersports Klaus-M. Lahkamp (Finikoúnda | Tel. 27 23 07 11 33 | www.alpha-watersports.de)* mit Windsurfing und Katamaransegeln sowie Kajakverleih und *Porto Heli Water Sports (Portohéli, vor dem Hotel AKS Pórto Héli | Tel. 27 45 05 13 57 | www.portoheliwatersports.com)* mit Windsurfing, Katamaran- und Jollensegeln, Parasailing, Wasserski und Funsport im Angebot. Ein reiner Ausrüstungsverleih ist *Kalógria Water Sports (am Strand vor dem Hotel Kalogria Beach).*

WINTERSPORT

Auf dem Peloponnes gibt es zwei Wintersportgebiete. Skier können Sie dort ausleihen. Das Revier am ● *Chelmós* bei Kalávrita ist von Weihnachten bis Ende März ziemlich schneesicher, am *Ménalon* bei Trípoli gibt es in dieser Zeit meist ebenfalls ausreichend Schnee. Das Skigebiet am Chelmós liegt zwischen 1650 und 2340 m hoch, verfügt über acht Lifte, elf markierte Pisten, eine präparierte Loipe, Schneemobilverleih und Jausenstation. Die längste Abfahrt misst 3200 m über 640 Höhenmeter *(Kalavryta Ski Centre | Tel. 26 92 02 44 51 | www.kalavrita-ski.com).*

Das Skigebiet am Ménalon liegt zwischen 1600 und 1980 m hoch und ist sehr viel einfacher. Hier gibt es drei Lifte, 6 km Pisten und eine Jausenstation.

Die Infrastruktur für Windsurfer ist noch ausbaufähig

MIT KINDERN UNTERWEGS

Außer einem Spielplatz, den fast jedes Dorf besitzt und der auf Griechisch *paidiká chará* (Kinderfreude) heißt, gibt es auf dem Peloponnes kaum Freizeitangebote, die sich speziell an Kinder richten. Man lässt sie ganz einfach an fast allem teilhaben und regt sich nicht darüber auf, wenn sie kindgemäß laut sind. Griechische Kinder sind auch um Mitternacht noch mit ihren Eltern in der Taverne oder spielen vor der Dorfkirche Fußball.

BEIM ARZT

Da griechische Ärzte oft schon bei leichten Infektionen Antibiotika verschreiben, nehmen Sie am besten Ihre bewährten Hausmittel mit. Da die wenigsten Ärzte Deutsch sprechen, lassen Sie sich von Ihrer Krankenkasse ein Heftlein mitgeben, in dem die wichtigsten Wörter für einen Arztbesuch zumindest auf Englisch und Französisch aufgelistet sind. Oder Sie besorgen sich im Buchhandel den MARCO POLO Sprachführer „Griechisch".

SICHERHEIT

In vielen antiken Stätten und mittelalterlichen Burgen können Kinder und Erwachsene nach Herzenslust herumkraxeln, ohne dass sie von Wärtern zurückgepfiffen werden. Sicherheitsvorrichtungen wie Zäune und Geländer fehlen aber nahezu völlig – behalten Sie die Kleinen gut im Auge, denn manche ihrer Exkursionen auf eigene Faust können gefährlich werden!

GROSSE ERLEBNISSE

Zu den größten Erlebnissen während eines Urlaubs auf dem Peloponnes dürften für Kinder eine Bootsfahrt durch die *Tropfsteinhöhle von Pírgos Diroú (siehe S. 81)* und durch den *Kanal von Korinth (siehe S. 37)* gehören, eine Fahrt mit der Zahnradbahn von *Diakoptó* nach *Kalávrita (siehe S. 41)* und ein Wettlauf mit den Eltern im antiken Stadion von *Olympia*, *Messíni* oder *Neméa (siehe S. 61, 86 oder 38)*.

KONKRETE ANGEBOTE

COSTA NAVARINO RESORT
(130 A3) (*H5*)

Im modernsten Resort des Peloponnes haben Kinder mit dem „Sand Castle" ihr eigenes Hotel. Hier können sie nicht nur den ganzen Tag über gut betreut spielen und herumtoben, sondern bei entsprechendem Mut auch einmal ohne

> Griechen sind außerordentlich kinderlieb, aber besondere Angebote für die Kleinen finden Sie auf dem Peloponnes nur selten

die Eltern übernachten – was die wiederum für einen Abend ohne die lieben Kleinen nutzen könnten *(siehe S. 89)*.

GRECOTEL OLYMPIA OASIS
(126 A3) *(ᗡ G3)*

In diesem besonders familienfreundlichen der drei Grecotels am flach abfallenden Sandstrand von Loutrá Killínis werden 3- bis 16-jährige betreut, wenn sie oder die Eltern es wollen. Es gibt eine eigene Familien-Disko, während der Sommerferien DLRG-Schwimmkurse und einen kostenlosen Buggy-Verleih. Ein Reitstall ist nur etwa 800 m entfernt, die Wassersportangebote am Strand sind auch auf Kinder und Jugendliche abgestellt. *Tel. 26 23 06 44 00 | www.grecotel.de | über viele Reiseveranstalter buchbar*

KAIÁFA-SEE (126 B5) *(ᗡ H4)*

Wenn Sie an den See fahren, sollten Sie trockenes Brot mitnehmen und es am Seeufer – am besten nahe dem Kurhaus – ins Wasser werfen. Sogleich kommen meist Dutzende von Schildkröten und Fischen angeschwommen, während Frösche und Libellen bei der Fütterung zuschauen.

MINIZÜGE (128 B5) *(ᗡ L3)*

In Nauplia fährt am Hafen ein Minizug den ganzen Sommer über zu einer 20-minütigen Stadtrundfahrt ab. Kinder haben ihren Spaß, die Eltern verschaffen sich einen Überblick über das Städtchen. *Tgl. 11.30–12.30, 19–24 Uhr halbstdl. | 5 Euro, Kinder bis 15 Jahre 2,50 Euro*

PFERDEHOF BAHLINGER
(130 B4) *(ᗡ J6)*

Kleine Pferdenarren und -närrinnen werden sich auf dem Reiterhof der Familie Bahlinger in Chráni bei Koróni besonders wohl fühlen. Sie bieten nicht nur kurze Ausritte an, sondern ganze Tages- und Wochenprogramme für Groß und Klein. Sechs Pferde und ein Pony stehen im Stall, Mithilfe bei der Pferdepflege ist natürlich sehr erwünscht und gerne gesehen *(siehe S. 104)*.

EVENTS, FESTE & MEHR

Jede Stadt und fast jedes größere Dorf veranstaltet, bevorzugt im Hochsommer, ein Kulturfestival. Damit wollen sich die Orte vor allem den ausgewanderten Mitbürgern auf Heimatbesuch und Urlaubern aus anderen Teilen Griechenlands präsentieren. Aber natürlich profitieren davon auch ausländische Touristen. Größtes Fest im Jahreskreis ist in Patras der Karneval und überall auf dem Peloponnes Ostern (die Termine für diese Feste liegen in den meisten Jahren später als bei uns). Außerdem begeht jeder Ort mindestens einmal im Jahr ein Kirchweihfest mit Volkstänzen, griechischer Musik und oft auch gemeinsamen Essen auf dem Dorfplatz.

FEIERTAGE

1. Jan. *Neujahr;* **6. Jan.** *Dreikönigsfest;* **Rosenmontag** (18. März 2013, 3. März 2014); **25. März** *Nationalfeiertag;* **Karfreitag** (3. Mai 2013, 18. April 2014); **Ostern** (5./6. Mai 2013, 20./21. April 2014); **1. Mai** *Tag der Arbeit;* **Pfingsten** (23./24. Juni 2013, 9./10. Juni 2014); **15. Aug.** *Mariä Entschlafung;* **28. Okt.** *Nationalfeiertag;* **25./26. Dez.** *Weihnachten*

FESTE & VERANSTALTUNGEN

FASCHINGSSONNTAG
Am Nachmittag großer ▶ ★ *Karnevalsumzug* in Patras mit über 16 000 Teilnehmern und 50 Wagen. Am Abend am Hafen Großfeuerwerk und Verbrennen des Königs Karneval in Form einer riesigen Puppe.

ROSENMONTAG
Fast alle Griechen fahren zum mittäglichen ▶ *Picknick* an die Strände oder in die Berge und lassen Drachen steigen.

KARFREITAG
Gegen 21 Uhr feierliche ▶ *Prozessionen* in allen Städten und Dörfern.

OSTERN
Am Ostersamstag gehen nahezu alle Griechen gegen 23 Uhr in die Kirche. Um Mitternacht verkündet der Priester die Auferstehung Christi. Die Gläubigen entzünden Kerzen, in den Städten beginnt ein großes Feuerwerk. Man geht nach Hause, um die traditionelle Ostersuppe zu essen. Am Sonntagmittag drehen sich dann überall Lämmer am Spieß, die nachmittags bei fröhlichen Feiern verzehrt werden.

www.marcopolo.de/peloponnes

Karneval und Ostern, Festivals und Jahrmärkte, Wein- oder Kirchweihfeste – auf dem Peloponnes ist rund ums Jahr viel los

ANFANG JUNI
Großes ▶ *Volkfest* mit traditionellen Liedern und Tänzen am ersten Sonntag im Juni in Stemnítsa.
Viertägiges ▶ INSIDER TIPP *Jazzfestival* auf dem Gelände des Alten Hospitals von Patras.

ENDE JUNI–ENDE AUGUST
▶ ★ *Theaterfestival* mit Aufführungen antiker Dramen im Theater von Epidauros.

MITTE JUNI–ANFANG SEPTEMBER
▶ *Kulturfestival* mit Theateraufführungen und Konzerten im römischen Odeon von Patras.

JULI
Großes ▶ *Kirchweihfest* mit Musik und Tanz zu Ehren der hl. Kiriakí in Dimitsána am 7. Juli.

AUGUST
Am 15. August (Mariä Entschlafung) ▶ *Kirchweihfeste* mit Musik und Tanz in zahlreichen Orten.
Großer ▶ INSIDER TIPP *Jahrmarkt* mit Viehmarkt am Park von Episkopí Tegéas bei Trípoli Mitte des Monats.
▶ *Kirchweihfest* im Kloster Elónas bei Leonídio am 23. August.
Einwöchiges ▶ INSIDER TIPP *Kirchweihfest* in Mistrás verbunden mit einem großen Jahrmarkt in der letzten Augustwoche.
▶ *Weinfest* in Neméa am letzten Augustwochenende.

SEPTEMBER
▶ *Touristische Woche* in Paléa Epidauros mit vielen Folkloreaufführungen Anfang September.
Großes ▶ *Volksfest* in Trípoli zum Gedenken an die Befreiung von den Türken am 23. September.

ICH WAR SCHON DA!

Drei User aus der MARCO POLO Community verraten ihre Lieblingsplätze und ihre schönsten Erlebnisse

HARILAOS-TRIKOUPIS-BRÜCKE

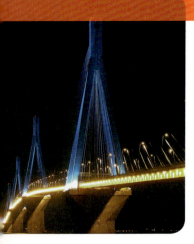

Sehenswert ist die *Harilaos-Trikoupis-Brücke* von Rion (nahe Patras). Freitags und sonntags wird diese blau angestrahlt und somit zum echten Hingucker. Die Hängebrücke ist 2,8 km lang und befindet sich ca. 54 m über dem Meer. Sie wurde 2004 vom deutschen Fußball-Trainer Otto Rehhagel (damals Trainer der griechischen National-Mannschaft) eingeweiht! Fotos können bequem vom Kai oder von einer Terrasse der zahlreichen und recht günstigen Cafés aus gemacht werden. Eine wunderbare Stimmung ergibt sich auch bei Sonnenuntergang, wenn die Drahtseile in der Sonne blitzen. **KieferHL aus Völklingen**

IN DER TAVERNE

In *Ágios Adrianos* haben wir eine sehr schöne Taverne gefunden: Von Nafplio aus befindet sie sich kurz nach dem Ortseingang direkt auf der linken Seite. Die Taverne ist nicht so touristisch wie die meisten Restaurants von Nafplio. In dieser tollen Atmosphäre kann man sehr gut essen und auch der Wein schmeckte besonders lecker. **Lanta aus München**

MONEMVASSÍA

Lohnenswert ist eine Wanderung in die Oberstadt von *Monemvassía*. Von hier hat man einen wunderschönen Blick aufs Meer und auf historische Häuser. Mein Tipp: Besuchen Sie den Ort zur Osterzeit. Auch nach der Abendmesse, die ca. 23 Uhr beginnt, kann man in den Restaurants noch essen gehen. **winni aus Billerbeck**

Haben auch Sie etwas Besonderes erlebt oder einen Lieblingsplatz gefunden, den nicht jeder kennt? Gehen Sie einfach auf www.marcopolo.de/mein-tipp

EIGENE NOTIZEN

LINKS, BLOGS, APPS & MORE

LINKS

▶ www.marcopolo.de/peloponnes Alles auf einen Blick zu Ihrem Reiseziel: Interaktive Karten inklusive Planungsfunktion, Impressionen aus der Community, aktuelle News und Angebote …

▶ www.argolis.de/argolisframe.htm Die lebendigste und informativste deutschsprachige Website über den gesamten Peloponnes. Autor und Fotograf ist ein ehemaliger deutscher Fernsehjournalist, der schon seit Jahren bei Náfplio lebt

▶ www.messiniathisweek.gr Online-Ausgabe einer zwischen Juni und September wöchentlich auf Englisch erscheinenden Zeitungen mit Infos und aktuellen Terminen zur Regionen Messenien

▶ www.tierhilfe-finikounda.com Homepage einer deutschsprachigen Tierschutzorganisation mit Infos, Hilfeersuchen, Flugpaten- und Tiervermittlung sowie jährlichem Fotowettbewerb

BLOGS & FOREN

▶ www.peloponnes-treff.de/forum Ausnahmslos deutschsprachige Forumsbeiträge rund um den Urlaub auf dem Peloponnes

▶ short.travel/pel1 Über 1000 englischsprachige Einträge und mehr als 9000 Fotos zum Thema finden Sie hier. Damit dürfte auch die kniffligste Frage beantwortet werden, während die Bilder die Reiselust noch steigern

▶ www.griechenlandforum.eu Auch hier wird zu allen möglichen, vor allem aber touristischen Themen gefragt, geantwortet und diskutiert

▶ www.gogreece.com Das wohl bedeutendste internationale Chat-Forum für Griechenland (Englisch)

▶ short.travel/pel2 Falls Sie umfassende Infos und Diskussionen zum Wind- und Kitesurfen auf dem Peloponnes suchen, werden Sie hier fündig

Egal, ob Sie sich auf Ihre Reise vorbereiten oder vor Ort sind: Mit diesen Adressen finden Sie noch mehr Informationen, Videos und Netzwerke, die Ihren Urlaub bereichern. Da manche Adressen extrem lang sind, führt Sie der kürzere short.travel-Code direkt auf die beschriebenen Websites

VIDEOS & STREAMS

▶ short.travel/pel3 Über 500 Videos zum Peloponnes, auch zu vielen Hotels und anderen Unterkünften

▶ www.greeka.com/greece-videos.htm Über 30 Peloponnes-Videos, darunter als meistgesehene: mehrere Videos über den Traumstrand Símos Beach auf dem Inselchen Elafónissos

▶ www.ert.gr Offizielle Homepage des staatlichen Rundfunks und Fernsehens. Links zum Livestream-Empfang von nationalen und regionalen Rundfunksendungen sowie on landesweit ausgestrahlten Fernsehprogrammen. Am besten ist das Radioprogramm Déftero Prógramma mit exzellenter griechischer Musik

APPS

▶ Jourist Weltübersetzer Schnell zu merkende Floskeln für den Urlaub. Zu jedem Thema, ob Hotel, Restaurant, Sehenswürdigkeiten oder Sport, gibt es außer den vertonten Ausdrücken und der hilfreichen Lautschrift auch noch witzige Illustrationen

▶ Greece News Aktuelle, englischsprachige Nachrichten aus Griechenland bekommen Sie mit dieser kostenlosen App; Internetverbindung erforderlich

▶ Greek Mythology Quiz Testen Sie Ihr Wissen über die griechische Mythologie mit den Fragen des kleinen, kostenlosen Spiels über Helden, Götter und Ungeheuer; auf Englisch

NETWORK

▶ short.travel/pel4 Die internationale Facebook-Seite der Griechischen Fremdenverkehrszentrale ist eine gute Adresse für Fotos, Kommentare, Fragen und vieles mehr

▶ short.travel/pel5 Die Redaktion der englischsprachigen Zeitung Athens News verbreitet auf Twitter regelmäßig die wichtigsten Neuigkeiten über Griechenland und den Peloponnes

▶ short.travel/pel6 Hier zwitschert das Team des Internetportals greekreporter.com aktuelle, englischsprachige News zu Griechenland und Griechen aus aller Welt

PRAKTISCHE HINWEISE

ANREISE

Die Flughäfen von Áraxos und Kalamáta werden zwischen Mai und Oktober von mehreren deutschen Städten aus angeflogen. Innergriechische Flugverbindungen zu diesen Flughäfen gibt es nur ab Kreta. Von beiden Flughäfen kommt man nur mit dem Taxi weiter. Ganzjährig erreichen Sie den Peloponnes über Athen. Mit dem Mietwagen oder dem Taxi gelangen Sie von dort in einer guten Stunde über die Autobahn nach Korinth; außerdem gibt es bis Kiáto nordwestlich von Korinth Bahnverbindungen mit der Vorortbahn *proastiakó (www.proastiakos.gr)*.

Autofähren verbinden Patras mit zahlreichen Adriahäfen Italiens. Die Fahrzeit von Bari beträgt 15 Std., von Ancona 19 Std., von Venedig 27 Std. Infos in Reisebüros oder unter *www.seereisenportal.de*.

AUSKUNFT

GRIECHISCHE ZENTRALE FÜR FREMDENVERKEHR
– Neue Mainzer Str. 22 | 60311 Frankfurt | Tel. 069 2 57 82 70 | info@gzf-eot.de
– Opernring 8 | 1010 Wien | Tel. 01 5 12 53 17 | grect@vienna.at
Im Internet: *www.eot.gr*. Vor Ort gibt es nur in wenigen Städten eine Touristeninformation.

AUTO

Der nationale Führerschein reicht. Die Mitnahme der internationalen grünen Versicherungskarte ist empfehlenswert. Höchstgeschwindigkeit: innerorts 50, auf Landstraßen 90, auf Schnellstraßen 110, auf Autobahnen 120 km/h. Bei Geschwindigkeitsüberschreitungen drohen hohe Geldstrafen! Promillegrenze: 0,5, für Motorradfahrer 0,2. ADAC-Notruf: *Tel. 21 07 77 56 44*. Pannenhilfe des griechischen Automobilclubs *ELPA*: *Tel. 104 00*

BADEN

Alle Strände Griechenlands sind öffentlich. Rettungsschwimmer gibt es nur an einigen wenigen, stark besuchten Strandabschnitten. Strandtavernen, Liegestuhl- und Sonnenschirmvermieter halten oft auch einfache Stranddduschen bereit. Umkleidekabinen finden Sie hingegen kaum. Badeschuhe, in Küstenorten in vielen Supermärkten

GRÜN & FAIR REISEN

Auf Reisen können auch Sie mit einfachen Mitteln viel bewirken. Behalten Sie nicht nur die CO_2-Bilanz für Hin- und Rückflug im Hinterkopf *(www.atmosfair.de)*, sondern achten und schützen Sie auch nachhaltig Natur und Kultur im Reiseland *(www.gate-tourismus.de; www.zukunft-reisen.de; www.ecotrans.de)*. Gerade als Tourist ist es wichtig, auf Aspekte zu achten wie Naturschutz *(www.nabu.de; www.wwf.de)*, regionale Produkte, Fahrradfahren (statt Autofahren), Wassersparen und vieles mehr. Wenn Sie mehr über ökologischen Tourismus erfahren wollen: europaweit *www.oete.de*; weltweit *www.germanwatch.org*

Von Anreise bis Zoll

Urlaub von Anfang bis Ende: die wichtigsten Adressen und Informationen für Ihre Peloponnesreise

und Souvenirshops erhältlich, leisten häufig gute Dienste.

CAMPING

Wildes Zelten ist verboten. Eine Liste aller Campingplätze bekommen Sie von der Griechischen Zentrale für Fremdenverkehr. Die meisten Campingplätze auf dem Peloponnes sind nur zwischen April und Oktober geöffnet.

DIPLOMATISCHE VERTRETUNGEN

DEUTSCHE BOTSCHAFT ATHEN
Odós Karaolí-Dimitríu 3 | Tel. 21 07 28 51 11

ÖSTERREICHISCHE BOTSCHAFT ATHEN
Leofóros Vas. Sofías 4 | Tel. 21 07 25 72 70

SCHWEIZER BOTSCHAFT ATHEN
Odós Jassíu 2 | Tel. 21 07 23 03 64

EINREISE

Zur Einreise brauchen Sie einen Personalausweis oder Reisepass, Kinder unter 16 Jahren ersatzweise einen Kinderpass.

EINTRITTSPREISE

Die Tickets für Museen und archäologische Stätten kosten im Durchschnitt 2–4 Euro. Gehört zu einer Ausgrabung auch ein Museum, muss eventuell zweimal Eintritt bezahlt werden. Bedeutende Ausgrabungen und Museen kosten 6–9 Euro Eintritt. ☺ Schüler und Studenten aus EU-Ländern haben freien Eintritt, Senioren ab 65 Jahren ermäßigten. ● Zwischen November und März ist der Eintritt sonntags für alle frei. Gleiches gilt für jeweils den ersten Sonntag im April, Mai und Oktober sowie das letzte Wochenende im September. Eintrittsfrei sind auch der Internationale Tag des Denkmals im April, der Internationale Museumstag im Mai, der Internationale Umwelttag im Juni und der Welt-Tourismustag im September.

FKK

FKK ist in Griechenland außerhalb speziell dafür ausgewiesener Strandabschnitte verboten, wird jedoch an abgelegenen Stränden praktiziert.

FOTOGRAFIEREN & FILMEN

Speicherkarten sind in allen Fotogeschäften und in vielen Supermärkten erhältlich. Volle Chips kann man in Fotogeschäften und in Internetcafés auf CD und DVD überspielen. Auch Filme und Einwegkameras sind in Fotoshops erhältlich.

GELD & PREISE

Das Preisniveau gleicht dem in Mitteleuropa. Deutlich preiswerter sind einfache Hotelzimmer, Ferienapartments und öffentliche Verkehrsmittel, etwas teurer Lebensmittel und Benzin. Bargeld holen Sie sich am günstigsten mit der EC-/Maestro-Karte aus den Bargeldautomaten, die es selbst in kleineren Orten gibt. Es ist günstiger, einen größeren als mehrere kleine Beträge abzuheben, da das Konto mit einem Fixbetrag von meist 6 Euro pro Abhebung belastet wird. Bargeldabhebungen mit Kreditkarten sind ebenfalls möglich, aber meist teurer. Öffnungszeiten der Banken: *Mo–Do 8–14.30, Fr 8–14 Uhr*

GESUNDHEIT

Die ärztliche Grundversorgung ist gewährleistet. Bei ernsthaften Erkrankungen oder Verletzungen empfiehlt sich die vorzeitige Heimreise, deren Kosten durch eine Versicherung gedeckt sein sollten. Zwischen Deutschland bzw. Österreich und Griechenland besteht ein Sozialversicherungsabkommen. Krankenhäuser und Kassenärzte behandeln Patienten mit der European Health Insurance Card (EHIC) theoretisch kostenlos, sind in der Praxis aber ein im Briefumschlag überreichtes Trinkgeld gewöhnt. Deshalb zahlen Sie besser gleich bar. Es empfiehlt sich der Abschluss einer Auslandskrankenversicherung.

tes. Allgemein interessant sind: *www.eot.gr:* Website der Griechischen Zentrale für Fremdenverkehr; *www.culture.gr:* Website des griechischen Kultusministeriums mit vielen Informationen zu Museen und Events; *www.ekathimerini.gr:* elektronische englisch-sprachige Ausgabe der Tageszeitung Ekathimerini; *www.gtp.gr:* zahlreiche Reiseinfos für ganz Griechenland, darunter die aktuellen griechischen und griechisch-italienischen Schiffsfahrpläne, auch gut für die Hotelsuche geeignet; *www.griechische-botschaft.de:* Meldungen aus Griechenland auf Deutsch, darunter ein Überblick über neugriechische Literatur in deutscher Übersetzung *(www.griechische-botschaft.gr/kultur/gr_literatur).*

INTERNET

Viele Gemeinden und Städte, größere Hotels und Reisebüros haben eigene Websi-

INTERNETCAFÉS

Internetzugang gibt es in allen Städten und in größeren Urlaubsorten. Meist wird

BÜCHER & FILME

▶ **Tiefe Schatten des Olivenbaums** – Rafael Navarin schrieb den ersten deutschsprachigen Kriminalroman, der in Messenien spielt, 2008 erschienen. Eine weitere Neuheit: Hier ermittelt zum ersten Mal in Griechenland eine Kommissarin. Bezugsquellen unter *phani.kokkinias.com*

▶ **Talos, Sohn von Sparta** – In dem spannenden Roman schildert der italienische Autor Valerio Massimo Manfredi das Schicksal eines jungen Mannes, der als verkrüppelter Sohn eines edlen Spartaners ausgesetzt wurde und nun in den Kampf gegen seine Heimatstadt zieht

▶ **Lakonien & Mani** – 2004 auf DVD erschienener Dokumentarfilm von Frieder Käsmann aus der Reihe KulTour vom Bayerischen Rundfunk

▶ **Asterix bei den Olympischen Spielen** – Gérard Depardieu und Alain Delon spielen die Hauptrollen in dem 2008 gedrehten Film (Regie: Frédéric Forestier und Thomas Langmann)

▶ **Olympiad 448 BC** – Der erste Spielfilm, der die Olympischen Spiele der Antike dramatisiert. Der 2004 in Griechenland gedrehte Streifen (Regie: Paul Pissanos) ist als DVD auch mit deutschem Ton in Griechenland erhältlich

PRAKTISCHE HINWEISE

danach abgerechnet; manchmal muss man auch im Voraus Zeitkarten kaufen. WLAN (hier *WiFi* genannt, sprich: Wai-Fai) bieten immer mehr Cafés, Beach Bars und einfachere Hotels kostenlos an. Teure Hotels erheben oft Gebühren dafür.

KLIMA & REISEZEIT

Wer im Meer baden will, muss den Peloponnes zwischen Mai und Oktober besuchen. In den übrigen Monaten kann es häufiger regnen; zwischen Dezember und Februar sinken die Temperaturen selbst an der Küste nachts manchmal bis in Gefrierpunktnähe. Für Studienreisen ist der Winter dennoch reizvoll: Man hat Museen und Ausgrabungen fast für sich allein, die Landschaft gewinnt durch schneebedeckte Berge und gute Fernsicht zusätzlich an Reiz. Schönster Reisemonat ist aber der Mai, da dann viele Blumen und Bäume blühen, das Meer zum Baden meist schon warm genug ist und manche Bergspitzen immer noch Schnee tragen. Im August ist Hochsaison. Juli und August sind zwar sonnensicher, die Temperaturen klettern jedoch in Höhen, die Besichtigungsaktivitäten erlahmen lassen.

MEDIEN

Ausländische Tageszeitungen bekommen Sie in Städten und Urlaubsorten meist am Erscheinungstag. In Griechenland selbst erscheint jeweils mittwochs das deutschsprachige Wochenblatt Griechenland-Zeitung *(www.griechenland.net)*. In größeren Hotels gibt es via Satellit ausländisches Fernsehen.

MIETWAGEN

Die großen Gesellschaften haben Niederlassungen in Kalamáta und Patras; kleinere regionale Firmen haben Büros in den Badeorten, in Korinth, Nauplia und Trípoli. Ein einfacher Wagen kostet in der Hauptsaison ab ca. 40 Euro/Tag bzw. ca. 210 Euro/Woche inkl. Steuern, in der übrigen Zeit ist er zehn bis 25 Prozent billiger. In den Badeorten können Sie auch Mopeds und Roller mieten.

ÖFFENTLICHE VERKEHRSMITTEL

Die Bahn ist in Griechenland das billigste Verkehrsmittel. Der Peloponnes ist der durch Schienen am besten erschlossene Teil des Landes. Im Zuge der Finanzkrise wurde der Bahnverkehr auf dem Peloponnes jedoch weitgehend eingestellt. Züge fahren nur noch von Athen über Korinth bis nach Kiáto am Korinthischen Golf, zwischen Pírgos und Olympia sowie zwischen Diakoptó am Korinthischen Golf und Kalávrita (Zahnradbahn). Fahrplanauskünfte unter *www.ose.gr*.

Linienbusse sind das wichtigste öffentliche Verkehrsmittel. Fernbusse verbinden benachbarte Städte untereinander und

WAS KOSTET WIE VIEL?

Kaffee	1,50 Euro *für einen Mokka*
Bier	2,50 Euro *für 0,5 l*
Snack	2 Euro *für eine Portion Gyros*
Taxi	1,19 Euro *pro Kilometer Überlandfahrt*
Strand	4–7 Euro pro Tag *für Sonnenschirm und zwei Liegestühle*
Benzin	1,20 Euro *für 1 l Super*

alle Städte mit Athen und Korinth. Regionalbusse fahren von den Bezirkshauptstädten in alle Dörfer im Umkreis. Für die Fernbusse können Plätze im Voraus an den Busbahnhöfen reserviert werden. Gedruckte Fahrpläne gibt es kaum; man informiert sich durch die Fahrplantafeln in den Busbahnhöfen oder ruft dort an.
Autofähren verbinden Méthana mehrmals täglich mit Piräus und Patras mit Igumenítsa im Nordwesten. Ein Pendelverkehr besteht Tag und Nacht zwischen Río bei Patras und Antírrio auf dem Festland. Außerdem verkehrt viermal täglich eine Autofähre zwischen Égio und Ágios Nikólaos. Taxis sind überall reichlich vorhanden. In den Städten fahren sie mit Taxameter, in den *agoraíon* genannten Taxis auf dem Land liegen Tariftabellen aus.

POST

Postämter gibt es in allen Städten; sie sind Mo bis Fr mindestens von 7.30 bis 14 Uhr geöffnet. Briefe unter 20 g sowie Postkarten nach Mitteleuropa müssen mit 0,75 Euro frankiert werden, die Postlaufzeit beträgt 2–3 Tage.

SPRACHE

Die Griechen sind stolz auf ihre Schrift. Für Aufschriften und Ortsschilder wird häufig jedoch zusätzlich die lateinische

WETTER IN PATRAS

	Jan.	Feb.	März	April	Mai	Juni	Juli	Aug.	Sept.	Okt.	Nov.	Dez.
Tagestemperaturen in °C	15	15	17	20	24	28	30	31	28	24	20	17
Nachttemperaturen in °C	6	6	7	10	13	16	18	18	16	13	10	7
Sonnenschein Stunden/Tag	4	5	6	8	9	10	12	11	9	7	5	4
Niederschlag Tage/Monat	13	10	8	7	5	2	1	1	3	8	11	14
Wassertemperaturen in °C	14	14	14	16	18	22	24	25	23	22	19	16

PRAKTISCHE HINWEISE

SCHRIFT UND UMSCHRIFT

Α	α	a	Η	η	i	Ν	ν	n	Τ	τ	t
Β	β	v, w	Θ	θ	th	Ξ	ξ	ks, x	Υ	υ	i, y
Γ	γ	g, i	Ι	ι	i, j	Ο	ο	o	Φ	φ	f
Δ	δ	d	Κ	κ	k	Π	π	p	Χ	χ	ch
Ε	ε	e	Λ	λ	l	Ρ	ρ	r	Ψ	ψ	ps
Ζ	ζ	s, z	Μ	μ	m	Σ	σ, ς	s, ss	Ω	ω	o

Schrift verwendet. Trotzdem ist es sehr hilfreich, die griechischen Buchstaben zu kennen. Die richtige Betonung ist für das Verstandenwerden unerlässlich; sie wird im Griechischen durch einen Akzent auf dem zu betonenden Vokal angezeigt.

STREIKS

Im Zuge der Wirtschafts- und Finanzkrise ist Griechenland zu einem der streikfreudigsten Länder der Welt geworden. Betroffen ist meist nur Athen. Streiks im Luft- und Seeverkehr können sich allerdings auf alle Regionen hinderlich auswirken. Urlauber sind ansonsten von Streiks aber kaum betroffen. Aktuelle Streikankündigungen finden Sie auf der Webseite *www.apergia.gr*.

STROM

Die Netzspannung beträgt 220 Volt Wechselstrom; deutsche Stecker passen meist.

TELEFON & HANDY

Kartentelefone gibt es in jedem Ort. Telefonkarten für 4 Euro sind in vielen Supermärkten und an Kiosken erhältlich. Ein Mondscheintarif gilt zwischen 22 und 8 Uhr sowie den ganzen Sa/So. Handys sind weit verbreitet, die Flächendeckung ist sehr gut. Über die Kosten gibt Ihr Provider Auskunft. Beim Roaming spart, wer vor Ort das günstigste Netz wählt. Wer sein Handy auf dem Peloponnes häufig benutzen will, kauft eventuell besser eine griechische Prepaidkarte mit griechischer Nummer in einem der zahlreichen Handyshops.

Immer günstig sind SMS, sehr teuer dagegen die Mailbox: besser noch im Heimatland abschalten!

Vorwahlen: Griechenland *0030*, Deutschland *0049*, Österreich *0043*, Schweiz *0041*. Für Griechenland muss anschließend die vollständige zehnstellige Rufnummer gewählt werden, ebenso bei innergriechischen Gesprächen.

TRINKGELD

Handhabung wie bei uns. Beträge unter 0,50 Euro sind beleidigend. Zimmermädchen sollten Sie min. 1 Euro pro Tag geben.

ZEIT

In Griechenland ist es ganzjährig eine Stunde später als bei uns.

ZOLL

Waren für den privaten Verbrauch dürfen innerhalb der EU frei ein- und ausgeführt werden (z. B. 800 Zigaretten, 90 l Wein, 10 l Spirituosen). Für Schweizer gelten wesentlich engere Freigrenzen.

SPRACHFÜHRER GRIECHISCH

AUSSPRACHE

Zur Erleichterung der Aussprache sind alle griechischen Wörter mit einer einfachen Aussprache (in der mittleren Spalte) versehen. Folgende Zeichen sind Sonderzeichen:

' die nachfolgende Silbe wird betont
ð wie englisches „th" in „the", mit der Zungenspitze hinter den Zähnen
θ wie englisches „th" in „think", mit der Zungenspitze zwischen den Zähnen

Α	α	a	Η	η	i	Ν	ν	n	Τ	τ	t
Β	β	v, w	Θ	θ	th	Ξ	ξ	ks, x	Υ	υ	i, y
Γ	γ	g, i	Ι	ι	i, j	Ο	ο	o	Φ	φ	f
Δ	δ	d	Κ	κ	k	Π	π	p	Χ	χ	ch
Ε	ε	e	Λ	λ	l	Ρ	ρ	r	Ψ	ψ	ps
Ζ	ζ	s, z	Μ	μ	m	Σ	σ, ς	s, ss	Ω	ώ	o

AUF EINEN BLICK

ja/nein/vielleicht	nä/'ochi/'issos	ναι/όχι/ίσως
bitte/danke	paraka'lo/'äfcharis'to	παρακαλώ/ευχαριστώ
Entschuldige!	sig'nomi	Συγνώμη!
Entschuldigen Sie!	mä sig'chorite	Με συγχωρείτε!
Darf ich …?	äpi'träppäte …?	Επιτρέπεται …?
Wie bitte?	o'riste?	Ορίστε?
Ich möchte …/	'thälo …/	Θέλω …/
Haben Sie …?	'ächäte …?	Έχετε …?
Wie viel kostet …?	'posso 'kani …?	Πόσο κάνει …?
Das gefällt mir (nicht).	Af'to (dhän) mu a'rässi.	Αυτό (δεν) μου αρέσει.
gut/schlecht	ka'llo/kak'ko	καλό/κακό
zu viel/viel/wenig	'para pol'li/pol'li/'ligo	πάρα πολύ/πολύ/λίγο
alles/nichts	ólla/'tipottal	όλα/τίποτα
Hilfe!/Achtung!/	wo'ithia!/prosso'chi!/	Βοήθεια!/Προσοχή!/
Vorsicht!	prosso'chi!	Προσοχή!
Krankenwagen	asthäno'forro	Ασθενοφόρο
Polizei/	astino'mia/	Αστυνομία/
Feuerwehr	pirosvästi'ki	Πυροσβεστική
Verbot/	apa'gorräfsi/	Απαγόρευση/
verboten	apago'räwäte	απαγορέυεται
Gefahr/gefährlich	'kindinoss/äpi'kindinoss	Κίνδυνος/επικίνδυνος

Milás elliniká?

„Sprichst du Griechisch?" Dieser Sprachführer hilft Ihnen, die wichtigsten Wörter und Sätze auf Griechisch zu sagen

BEGRÜSSUNG & ABSCHIED

Gute(n) Morgen/Tag!/	kalli'mära/kalli'mära/	Καλημέρα/Καλημέρα!/
Abend!/Nacht!	kalli'spära!/kalli'nichta!	Καλησπέρα!/Καληνύχτα!
Hallo!/Auf Wiedersehen!/Tschüss!	'ja (su/sass)!/a'dio!/ Ja (su/sass)!	Γεία (σου/σας)!/αντίο!/ Γεία (σου/σας)!
Ich heiße ...	mä 'läne ...	Με λένε ...
Wie heißen Sie?	poss sass 'läne?	Πως σας λένε?

DATUMS- & ZEITANGABEN

Montag/Dienstag	dhäf'tära/'triti	Δευτέρα/Τρίτη
Mittwoch/Donnerstag	tät'tarti/'pämpti	Τετάρτη/Πέμπτη
Freitag/Samstag	paraskä'wi/'sawatto	Παρασκευή/Σάββατο
Sonntag/Werktag	kiria'ki/er'gassimi	Κυριακή/Εργάσιμη
heute/morgen/gestern	'simära/'awrio/chtess	Σήμερα/Αύριο/Χτες
Wie viel Uhr ist es?	ti 'ora 'ine?	Τι ώρα είναι?

UNTERWEGS

offen/geschlossen	annik'ta/klis'to	ανοικτό/κλειστό
Eingang/	'issodhos/	Είσοδος/
Einfahrt	'issodhos ochi'matonn	Είσοδος οχημάτων
Ausgang/	'eksodhos/	Έξοδος/
Ausfahrt	'Eksodos ochi'matonn	Έξοδος οχημάτων
Abfahrt/	anna'chorissi/	Αναχώρηση/
Abflug/Ankunft	anna'chorissi/'afiksi	Αναχώρηση/Άφιξη
Toiletten/Damen/	tual'lättes/ginä'konn/	Τουαλέτες/Γυναικών/
Herren	an'dronn	Ανδρών
(kein) Trinkwasser	'possimo nä'ro	Πόσιμο νερό
Wo ist ...? / Wo sind ...?	pu 'ine ...?/pu 'ine ...?	Πού είναι/Πού είναι ...?
Bus/Taxi	leofo'rio/tak'si	Λεωφορείο/Ταξί
Stadtplan/	'chartis tis 'pollis/	Χάρτης της πόλης/
(Land-)Karte	'chartis	Χάρτης
Hafen	li'mani	Λιμάνι
Flughafen	a-ero'drommio	Αεροδρόμιο
Fahrplan/Fahrschein	drommo'logio/issi'tirio	Δρομολόγιο/Εισιτήριο
Ich möchte ... mieten.	'thälo na nik'jasso ...	Θέλω να νοικιάσω ...
ein Auto/ein Fahrrad/	'änna afto'kinito/'änna	ένα αυτοκίνητο/ένα
ein Boot	po'dhilato/'mia 'warka	ποδήλατο/μία βάρκα
Tankstelle	wänzi'nadiko	Βενζινάδικο
Benzin/Diesel	wän'zini/'diesel	Βενζίνη/Ντίζελ

ESSEN & TRINKEN

Reservieren Sie uns bitte für heute Abend einen Tisch für vier Personen.	Klis'te mass parakal'lo 'änna tra'pezi ja a'popse ja 'tässera 'atoma.	Κλείστε μας παρακαλώ ένα τραπέζι γιά απόψε γιά τέσσερα άτομα.
Die Speisekarte, bitte.	tonn ka'taloggo parakal'lo.	Τον κατάλογο παρακαλώ.
Könnte ich bitte ... haben?	tha 'ithälla na 'ächo ...?	Θα ήθελα να έχω ...?
mit/ohne Eis/ Kohlensäure	mä/cho'ris 'pago/ anthrakik'ko	με/χωρίς πάγο/ ανθρακικό
Vegetarier/Allergie	chorto'fagos/allerg'ia	Χορτοφάγος/Αλλεργία
Ich möchte zahlen, bitte.	'thäl'lo na pli'rosso parakal'lo.	Θέλω να πληρώσω παρακαλώ.

EINKAUFEN

Wo finde ich ...?	pu tha wro ...?	Που θα βρω ...?
Apotheke/Drogerie	farma'kio/ka'tastima	Φαρμακείο/Κατάστημα καλλυντικών
Bäckerei/Markt	'furnos/ago'ra	Φούρνος/Αγορά
Lebensmittelgeschäft	pandopo'lio	Παντοπωλείο
Kiosk	pä'riptero	Περίπτερο
teuer/billig/Preis	akri'wos/fti'nos/ti'mi	ακριβός/φτηνός/Τιμή
mehr/weniger	pjo/li'gotäre	πιό/λιγότερο

ÜBERNACHTEN

Ich habe ein Zimmer reserviert.	'kratissa 'änna do'matjo.	Κράτησα ένα δωμάτιο.
Haben Sie noch ...?	'ächäte a'komma ...?	Έχετε ακόμα ...?
Einzelzimmer	mon'noklino	Μονόκλινο
Doppelzimmer	'diklino	Δίκλινο
Schlüssel	kli'dhi	Κλειδί
Zimmerkarte	iläktronni'ko kli'dhi	Ηλεκτρονικό κλειδί

GESUNDHEIT

Arzt/Zahnarzt/ Kinderarzt	ja'tros/odhondoja'tros/ pä'dhiatros	Ιατρός/Οδοντογιατρός/ Παιδίατρος
Krankenhaus/ Notfallpraxis	nossoko'mio/ jatri'ko 'käntro	Νοσοκομείο/ Ιατρικό κέντρο
Fieber/Schmerz	pirät'tos/'ponnos	Πυρετός/Πόνος
Durchfall/Übelkeit	dhi'arria/ana'gula	Διάρροια/Αναγούλα
Sonnenbrand	ilia'ko 'engawma	Ηλιακό έγκαυμα
entzündet/verletzt	molli'männo/pligo'männo	μολυμένο/πληγωμένο
Schmerzmittel/Tablette	paf'siponna/'chapi	Παυσίπονο/Χάπι

SPRACHFÜHRER

TELEKOMMUNIKATION & MEDIEN

Briefmarke/Brief Postkarte	gramma'tossimo/'gramma kartpos'tall	Γραμματόσημο/Γράμμα Καρτ-ποστάλ
Ich brauche eine Telefonkarte fürs Festnetz.	kri'azomme 'mia tile'karta ja dhi'mossio tilefoni'ko 'thalamo.	Χρειάζομαι μία τηλεκάρτα για δημόσιο τηλεφωνικό θάλαμο.
Ich suche eine Prepaidkarte für mein Handy.	tha 'ithälla 'mia 'karta ja to kinni'to mu.	Θα ήθελα μία κάρτα για το κινητό μου.
Wo finde ich einen Internetzugang?	pu bor'ro na wro 'proswassi sto índernett?	Που μπορώ να βρω πρόσβαση στο ίντερνετ?
Steckdose/Adapter/Ladegerät	'briza/an'dapporras/fortis'tis	πρίζα/αντάπτορας/φορτιστής
Computer/Batterie/Akku	ippologis'tis/batta'ria/äppanaforti'zomänni batta'ria	Υπολογιστής/μπαταρία/επαναφορτιζόμενη μπαταρία
Internetanschluss/WLAN	'sindhässi sä as'sirmato 'dhitio/waifai	Σύνδεση σε ασύρματο δίκτυο/WiFi

FREIZEIT, SPORT & STRAND

Strand	para'lia	Παραλία
Sonnenschirm/Liegestuhl	om'brälla/ksap'plostra	Ομπρέλα/Ξαπλώστρα

ZAHLEN

0	mi'dhän	μηδέν
1	'änna	ένα
2	'dhio	δύο
3	'tria	τρία
4	'tässara	τέσσερα
5	'pände	πέντε
6	'äksi	έξι
7	äf'ta	εφτά
8	och'to	οχτώ
9	ä'näa	εννέα
10	'dhäkka	δέκα
11	'ändhäkka	ένδεκα
12	'dodhäkka	δώδεκα
20	'ikossi	είκοσι
50	pän'inda	πενήντα
100	äka'to	εκατό
200	dhia'kossja	διακόσια
1000	'chilia	χίλια
10000	'dhäkka chil'jades	δέκα χιλιάδες

REISEATLAS

Die grüne Linie ▬▬ zeichnet den Verlauf der Ausflüge & Touren nach
Die blaue Linie ▬▬ zeichnet den Verlauf der Perfekten Route nach

Der Gesamtverlauf aller Touren ist auch in
der herausnehmbaren Faltkarte eingetragen

Bild: Hafen in Ídra

Unterwegs auf dem Peloponnes

Die Seiteneinteilung für den Reiseatlas finden Sie auf dem hinteren Umschlag dieses Reiseführers

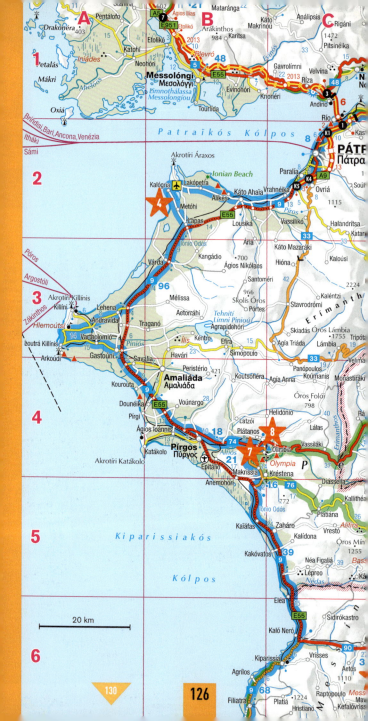

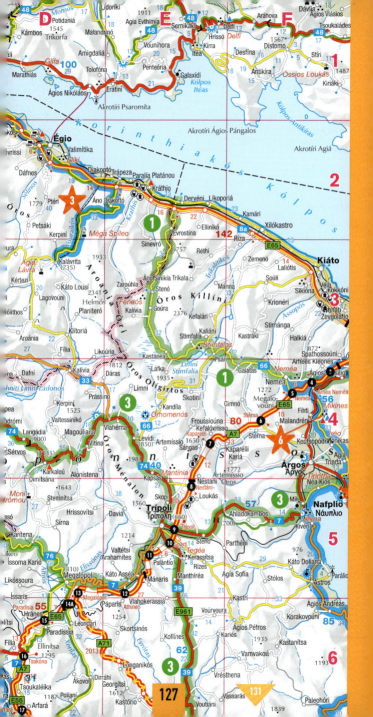

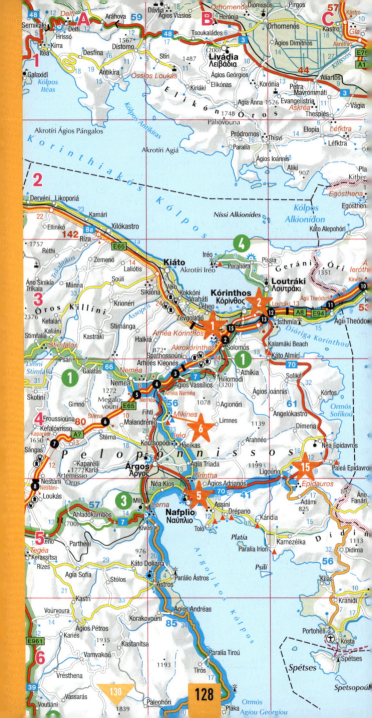

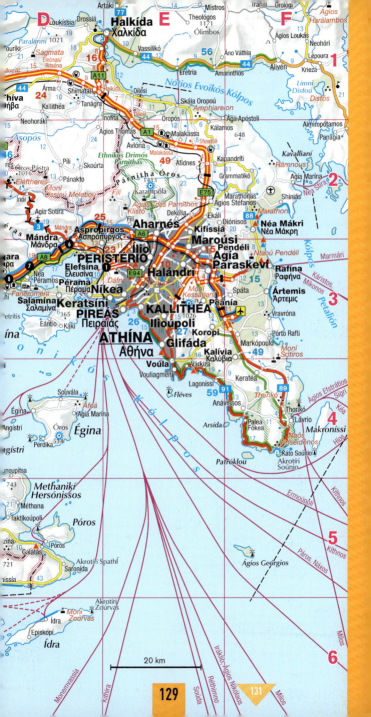

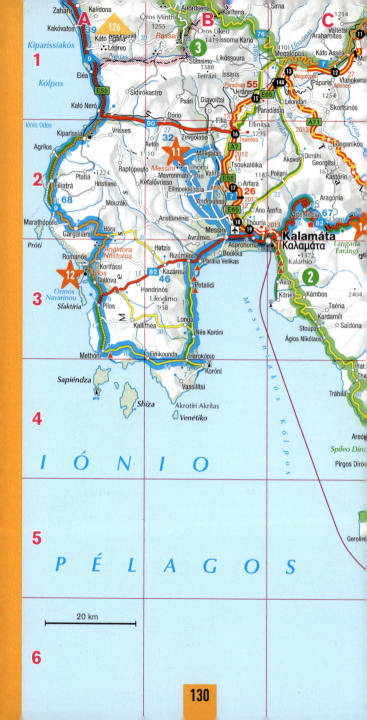

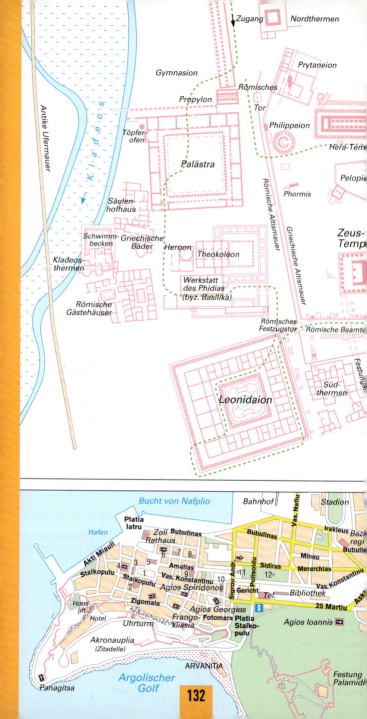

Olympia
Heiliger Bezirk

- Kronos-Hügel
- Sitz der Priesterin Demeter Chamyne
- Schatzhäuser
- Stadion
- mphäum
- Zanes-Basen
- Tor
- Gewölbe
- Ziel
- Metroon
- Kampfrichtertribüne
- eus-ltar
- Altes Stadion
- asen
- Festplatz
- Echo-Halle
- Hof
- Hippodrom
- Mikythos
- Eleier
- Osttthermen
- Achäer
- Nike
- Südostbau (Haus des Nero)
- Griechische Gebäude
- Oktogon
- olloniaten
- Festungsmauer
- Römischer Triumphbogen
- Älterer Artemis-Altar
- leuterion
- Südhalle

----- Rundgang   50 m

Sparta
Sparti

300 m

1 Altar des Lykurgos
2 Heroon
3 Heiligtum der Artemis Orthia
4 Nordtor
5 Südtor
6 Moderne Statue des Leonidas
7 Hellenistisches Tempelfundament (sog. Grab des Leonidas)
8 Rundbau
9 Theater
10 Tempel der Athena Chalkioikos

- früheste Mauern
- Antike Stadtmauer
- MUNDUNA
- Röm.-Mauern
- AKROPOLIS
- Byzantinische Mauer
- KOLONA
- Ton 118
- PSYCHIKO
- Ton Triakosion
- Thermopilon
- Archidamu
- Leonidaion
- Dioskupon
- Konstantinu
- Damu
- Brasida
- Leonidu
- Osios Nikonos
- Touristen Polizei
- Platia Kentriki
- Museum
- Agidos
- Likurgos
- Rathaus
- Paleologu
- Evangelistrias
- Kathedrale
- Menelau

Nauplia

100 m

- Syntagma-Platz
- Erstes Parlament (1826)
- Archäologisches Museum
- Panagia-Kirche
- Bibliothek
- Agios Nikolaos
- Hafenamt
- Volkskundemuseum
- Erste Militärschule
- Erstes Gymnasium
- Kapodistrias-Denkmal
- Kolokotronis-Denkmal

Korinth
Antikes Stadtzentrum

50 m

1 Heilige Quelle
2 Orakel
3 Hermes-Tempel
4 Tempel des Apoll der Clarier
5 Poseidon-Tempel
6 Herkules-Tempel
7 Pantheon
8 Venus-Fortuna-Tempel
9 Buleuterion
10 Brunnenhaus
11 Agonethensaal (Bodenmosaik)
12 Rundmonument
13 Stützmauer
14 Startlinie im Stadion
15 'Gefangenenfassa
16 Propyläen
17 Griechischer Tem des 4. Jh.s v. Ch
18 Griechischer Mar
19 Halbrunder Markt
20 Römischer Markt

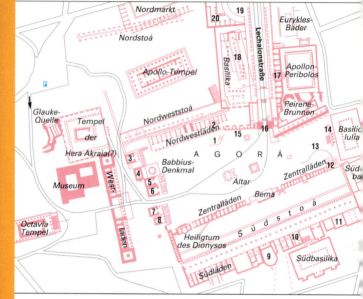

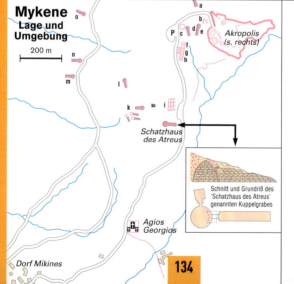

Lage und Umgebung

a Löwengrab
b Perseia-Brunnenh
c Gräberrund B
d Grab der Klytaimnestra
e Grab des Aigisthos
f Haus der Schilde
g Haus des Ölhändle
h Haus der Sphinge
i Wohnhäuser
k Kuppelgrab der Panagitsa
l Epano-Furnos-Gra
m Kyklopengrab
n Kuppelgrab der Dämonen oder des Orestes
o Kato-Furnos-Grab

Akropolis

1 Getreidespeicher
2 Haus der Kriegervase
3 Zitadellenhaus
4 Südhaus
5 Rampenhaus
6 Tsuntas-Haus
7 Nordosteingang
8 Palasthof
9 Thronsaal
10 Große Treppe
11 Megaron
12 Tempel
13 Treppe zum Brunne

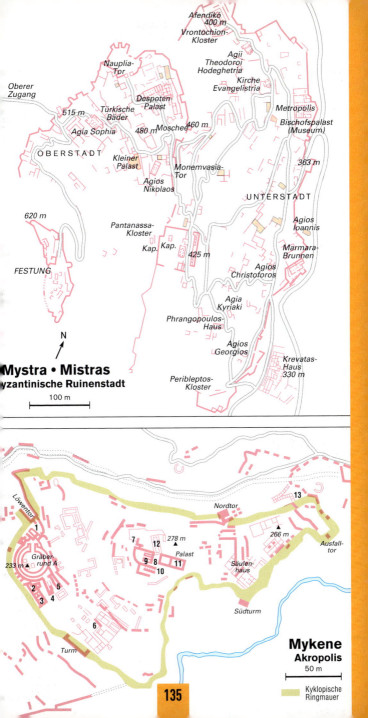

KARTENLEGENDE

Symbol	Deutsch	English
18 — 26	Autobahn mit Anschlussstellen	Motorway with junctions
	Autobahn in Bau	Motorway under construction
I	Mautstelle	Toll station
O	Raststätte mit Übernachtung	Roadside restaurant and hotel
	Raststätte	Roadside restaurant
	Tankstelle	Filling-station
	Autobahnähnliche Schnellstraße mit Anschlussstelle	Dual carriage-way with motorway characteristics with junction
	Fernverkehrsstraße	Trunk road
	Durchgangsstraße	Thoroughfare
	Wichtige Hauptstraße	Important main road
	Hauptstraße	Main road
	Nebenstraße	Secondary road
	Eisenbahn	Railway
	Autozug-Terminal	Car-loading terminal
	Zahnradbahn	Mountain railway
	Kabinenschwebebahn	Aerial cableway
	Eisenbahnfähre	Railway ferry
	Autofähre	Car ferry
	Schifffahrtslinie	Shipping route
	Landschaftlich besonders schöne Strecke	Route with beautiful scenery
Alleenstr.	Touristenstraße	Tourist route
XI-V	Wintersperre	Closure in winter
×—×—×	Straße für Kfz gesperrt	Road closed to motor traffic
8%	Bedeutende Steigungen	Important gradients
	Für Wohnwagen nicht empfehlenswert	Not recommended for caravans
	Für Wohnwagen gesperrt	Closed for caravans
✳	Besonders schöner Ausblick	Important panoramic view
* *Wartenstein* / * *Umbalfälle*	Sehenswert: Kultur - Natur	Of interest: culture - nature
	Badestrand	Bathing beach
	Nationalpark, Naturpark	National park, nature park
	Sperrgebiet	Prohibited area
	Kirche	Church
	Kloster	Monastery
	Schloss, Burg	Palace, castle
	Moschee	Mosque
	Ruinen	Ruins
	Leuchtturm	Lighthouse
	Turm	Tower
∩	Höhle	Cave
∴	Ausgrabungsstätte	Archaeological excavation
▲	Jugendherberge	Youth hostel
	Allein stehendes Hotel	Isolated hotel
	Berghütte	Refuge
▲	Campingplatz	Camping site
	Flughafen	Airport
	Regionalflughafen	Regional airport
⊕	Flugplatz	Airfield
	Staatsgrenze	National boundary
	Verwaltungsgrenze	Administrative boundary
⊖	Grenzkontrollstelle	Check-point
⊖	Grenzkontrollstelle mit Beschränkung	Check-point with restrictions
ROMA	Hauptstadt	Capital
VENÉZIA	Verwaltungssitz	Seat of the administration
	Ausflüge & Touren	Trips & Tours
	Perfekte Route	Perfect route
★ 1	MARCO POLO Highlight	MARCO POLO Highlight

FÜR DIE NÄCHSTE REISE ...

ALLE **MARCO POLO** REISEFÜHRER

DEUTSCHLAND

Allgäu
Bayerischer Wald
Berlin
Bodensee
Chiemgau/
 Berchtesgadener
 Land
Dresden/
 Sächsische
 Schweiz
Düsseldorf
Eifel
Erzgebirge/
 Vogtland
Föhr/Amrum
Franken
Frankfurt
Hamburg
Harz
Heidelberg
Köln
Lausitz/
 Spreewald/
 Zittauer Gebirge
Leipzig
Lüneburger Heide/
 Wendland
Mecklenburgische
 Seenplatte
Mosel
München
Nordseeküste
 Schleswig-
 Holstein
Oberbayern
Ostfriesische Inseln
Ostfriesland/
 Nordseeküste
 Niedersachsen/
 Helgoland
Ostseeküste
 Mecklenburg-
 Vorpommern
Ostseeküste
 Schleswig-
 Holstein
Pfalz
Potsdam
Rheingau/
 Wiesbaden
Rügen/Hiddensee/
 Stralsund
Ruhrgebiet
Sauerland
Schwarzwald
Stuttgart
Sylt
Thüringen
Usedom
Weimar

ÖSTERREICH SCHWEIZ

Berner Oberland/
 Bern
Kärnten
Österreich
Salzburger Land
Schweiz
Steiermark
Tessin
Tirol
Wien
Zürich

FRANKREICH

Bretagne
Burgund
Côte d'Azur/
 Monaco
Elsass
Frankreich
Französische
 Atlantikküste
Korsika
Languedoc-
 Roussillon
Loire-Tal
Nizza/Antibes/
 Cannes/Monaco
Normandie
Paris
Provence

ITALIEN MALTA

Apulien
Dolomiten
Elba/Toskanischer
 Archipel
Emilia-Romagna
Florenz
Gardasee
Golf von Neapel
Ischia
Italien
Italienische Adria
Italien Nord
Italien Süd
Kalabrien
Ligurien/Cinque
 Terre
Mailand/
 Lombardei
Malta/Gozo
Oberital. Seen
Piemont/Turin
Rom
Sardinien
Sizilien/Liparische
 Inseln
Südtirol
Toskana
Umbrien
Venedig
Venetien/Friaul

SPANIEN PORTUGAL

Algarve
Andalusien
Barcelona
Baskenland/
 Bilbao
Costa Blanca
Costa Brava
Costa del Sol/
 Granada
Fuerteventura
Gran Canaria
Ibiza/Formentera
Jakobsweg/
 Spanien
La Gomera/
 El Hierro
Lanzarote
La Palma
Lissabon
Madeira
Madrid
Mallorca
Menorca
Portugal
Spanien
Teneriffa

NORDEUROPA

Bornholm
Dänemark
Finnland
Island
Kopenhagen
Norwegen
Oslo
Schweden
Stockholm
Südschweden

WESTEUROPA BENELUX

Amsterdam
Brüssel
Cornwall und
 Südengland
Dublin
Edinburgh
England
Flandern
Irland
Kanalinseln
London
Luxemburg
Niederlande
Niederländische
 Küste
Schottland

OSTEUROPA

Baltikum
Budapest
Danzig
Krakau
Masurische Seen
Moskau
Plattensee
Polen
Polnische
 Ostseeküste/
 Danzig
Prag
Slowakei
St. Petersburg
Tallinn
Tschechien
Ukraine
Ungarn
Warschau

SÜDOSTEUROPA

Bulgarien
Bulgarische
 Schwarzmeer-
 küste
Kroatische Küste/
 Dalmatien
Kroatische Küste/
 Istrien/Kvarner
Montenegro
Rumänien
Slowenien

GRIECHENLAND TÜRKEI ZYPERN

Athen
Chalkidiki/
 Thessaloniki
Griechenland
 Festland
Griechische Inseln/
 Ägäis
Istanbul
Korfu
Kos
Kreta
Peloponnes
Rhodos
Samos
Santorin
Türkei
Türkische Südküste
Türkische Westküste
Zákinthos/Itháki/
 Kefaloniá/Léfkas
Zypern

NORDAMERIKA

Alaska
Chicago und
 die Großen Seen
Florida
Hawai'i
Kalifornien
Kanada
Kanada Ost
Kanada West
Las Vegas
Los Angeles
New York
San Francisco
USA
USA Ost
USA Südstaaten/
 New Orleans
USA Südwest
USA West
Washington D.C.

MITTEL- UND SÜDAMERIKA

Argentinien
Brasilien
Chile
Costa Rica
Dominikanische
 Republik
Jamaika
Karibik/
 Große Antillen
Karibik/
 Kleine Antillen
Kuba
Mexiko
Peru/Bolivien
Venezuela
Yucatán

AFRIKA UND VORDERER ORIENT

Ägypten
Djerba/
 Südtunesien
Dubai
Israel
Jordanien
Kapstadt/
 Wine Lands/
 Garden Route
Kapverdische
 Inseln
Kenia
Marokko
Namibia
Rotes Meer/Sinai
Südafrika
Tansania/
 Sansibar
Tunesien
Vereinigte
 Arabische
 Emirate

ASIEN

Bali/Lombok/Gilis
Bangkok
China
Hongkong/Macau
Indien
Indien/Der Süden
Japan
Kambodscha
Ko Samui/
 Ko Phangan
Krabi/Ko Phi Phi/
 Ko Lanta
Malaysia
Nepal
Peking
Philippinen
Phuket
Shanghai
Singapur
Sri Lanka
Thailand
Tokio
Vietnam

INDISCHER OZEAN UND PAZIFIK

Australien
Malediven
Mauritius
Neuseeland
Seychellen

REGISTER

Im Register sind alle in diesem Reiseführer erwähnten Orte und Ausflugsziele verzeichnet. Gefettete Seitenzahlen verweisen auf den Haupteintrag.

Aegio 23
Agía Lávra 42
Ágina 58
Ágios Nikólaos 74, **80**, 99, 118
Alíkes 42
Amíkles 94
Andrítsena 23, **67**, 101
Archéa Kórinthos 30, 33, 34
Archéa Neméa 38
Areópoli **77**, 87, 98, 99
Árgos 18, 44, **50**, **53**, **55**, 56
Arkoúdi 70
Arvanitiá Beach 50
Assíni 52
Bassai 18, 67, **68**, 101
Chelmós 16, 105
Chóra 84
Chráni 104, 107
Dafnó 73
Dekoúlou 99
Dervéni 96, 98
Diakoptó **41**, 43, 106, 117
Dídima **52**, 54
Dimitsána 60, **71**, 72, 74
Doxá-Stausee 97
Égio 104, 118
Elafónissos 30, 76, **91**, 92, 113
Elónas **73**, 109
Emialó 72
Epidauros/Epídavros 14, 19, 44, **53**, 54, 56, 65, 109
Episkopí Tegéas 74, 109
Ermióni 15, **54**
Ermionída 55
Feneós 97
Finikoúnda/Finikus 23, 76, **85**, 105
Flókas 66
Flomochóri 98
Galatás **55**, 56
Geráki 30, 76, **94**
Geroliménas 16, **80**, 98
Giálova 89
Gíthio 23, 28, 30, 76, 77, **80**, 98, 104
Górtys 72
Ídra 50, 58
Iraio/Iréo **55**
Isthmía 18, **37**
Ithómi **86**, 87
Jerolimin 16, **80**, 98
Kaiáfas **69**
Kaiméni 56

Kalamáta 13, 15, 23, 29, 30, 33, 76, **82**, 98, 99, 114, 117
Kalávrita 31, 32, **42**, 104, 105, 106, 117
Kalógria 21, 31, **42**, 43, 105
Kanal von Korinth 12, 30, **37**, 102, 106
Kap Iréo 101
Karathónas Beach 50
Kardamíli **80**, 99, 104
Karítena **72**, 101
Kastaniá 97
Kástro 29, **69**
Katákolo **69**
Kíta 98
Korinth 13, 14, 18, 23, 28, **32**, 33, 34, 35, 36, 37, 55, 62, 70, 96, 101, 114, 117
Koróni 19, 23, 30, 76, **87**, 88, 103, 104, 107
Kotíchilagune 21
Langádia 60, **73**, 101
Leonídio **73**, 74, 109
Lérna **55**, 100
Ligoúrio **55**
Liméni 16, 99
Límni Vouliagméni 101
Loúsiostal 66, 71, 72, 101, 104
Loutráki 101
Loutrá Killínis 15, 66, **69**, 104, 107
Lúkos **73**
Malvasia 14, 30, 50, 58, 76, **90**, 91, 110
Máni 15, 16, 23, 28, 30, 76, 77, 80, 82, 87, 98
Mantínia **74**, 100
Marathonísi 80
Marmári **81**, 98
Mavromáti 86, 87
Megalópolis 13, 60, 72, 101
Ménalon 16, 70, 105
Messíni/Messéne 30, **86**, 87, 106
Méga Spíleo 41, **43**
Méthana **56**, 118
Methóni 30, 76, 86, **88**
Mézapos 98
Mikínes 12, 14, 28, 30, 44, **56**, 57, 58, 59
Míli 55, 100
Mistrás 14, 20, 21, 30, 76, 91, 92, **94**, 95, 109

Monemvassía 14, 30, 50, 58, 76, **90**, 91, 110
Mykene 12, 14, 28, 30, 44, **56**, 57, 58, 59
Mykinä 12, 14, 28, 30, 44, **56**, 57, 58, 59
Mystras 14, 20, 21, 30, 76, 91, 92, **94**, 95, 109
Nauplia/Náfplio 12, 15, 16, 28, 29, 30, 44, **45**, 46, 47, 56, 84, 100, 107, 117
Navaríno 88, 89
Neméa 30, **38**, 55, 96, 106, 109
Nífi 98
Olympia/Olimbía 11, 14, 18, 28, 31, 38, 60, **61**, 63, 65, 66, 67, 69, 101, 106, 117
Orchomenós **74**, 100
Paléa Epidauros 109
Paralía Ástros 74
Passávas 98
Patras/Pátra 13, 14, 15, 16, 17, 22, 23, 29, 31, 32, **39**, 42, 104, 108, 109, 114, 117, 118
Petrochóri 89
Philosóphou 72
Pílos 15, 21, 31, 76, **88**, 89, 102, 104
Pírgos Diroú **81**, 98, 106
Póros **55**, 56
Portohéli/Portochelio 15, 19, **58**, 104, 105
Pórto Kágio 82, 98
Prodrómou 72
Prókopossee 43
Púnda 92
Rinderbauchbucht 76, 89
Río 41, **43**, 118
Sapunakéika 75
Sfaktería 89
Sparta/Spárti 14, 30, 76, 80, **92**, 94, 95, 100, 101, 104
Spétses 58
Spíleo ton Limnón 42
Stemnítsa **74**, 109
Stimfalía/Stímfalos **38**, 96
Stúpa 80, **82**, 99, 104
Stymphalischer See 38, 96, 97
Tegéa **74**, 101
Thalámai **82**, 99

IMPRESSUM

Timíou Prodrómou 87
Tirós **75**
Tiryns/Tírintha 44, 50, **58**, 59
Toló 15, 50, 53, 56, **59**, 104

Trípoli 13, 60, **70**, 100, 101, 104, 105, 109, 117
Vassá 18, 67, **68**, 101
Vathí 56
Váthia **82**, 98
Vírouschlucht 80

Vitína 28, **75**, 100, 104
Vlichádahöhle 81
Voidokiliá-Bucht 76, **89**
Vouraikósschlucht **41**, 42
Xirokambi 16
Ypsous **74**, 109

SCHREIBEN SIE UNS!

SMS-Hotline: 0163 6 39 50 20

E-Mail: info@marcopolo.de

Egal, was Ihnen Tolles im Urlaub begegnet oder Ihnen auf der Seele brennt, lassen Sie es uns wissen! Ob Lob, Kritik oder Ihr ganz persönlicher Tipp – die MARCO POLO Redaktion freut sich auf Ihre Infos.
Wir setzen alles dran, Ihnen möglichst aktuelle Informationen mit auf die Reise zu geben. Dennoch schleichen sich manchmal Fehler ein – trotz gründlicher Recherche unserer Autoren/innen. Sie haben sicherlich Verständnis, dass der Verlag dafür keine Haftung übernehmen kann. Kontaktieren Sie uns per SMS, E-Mail oder Post!

MARCO POLO Redaktion
MAIRDUMONT
Postfach 31 51
73751 Ostfildern

IMPRESSUM
Titelbild: Altstadt von Monemvassía (Laif: Tophoven)
Fotos: K. Bötig (1 u., 109); DuMont Bildarchiv: argus-Fotoagentur (Schröder) (8, 28, 62, 99, 108); ©fotolia.com: Kirill Grekov (16 M.); R. M. Gill (107); R. Hackenberg (Klappe r., 2 o., 4, 5, 15, 20, 26 r., 30 r., 34, 36, 39, 52, 57, 64, 67, 68, 71, 72, 86, 88, 90, 93, 95, 106, 113); Huber: Huber (3 M., 76/77, 124/125), Giovanni Simeone (46, 51), Hanna Simeone (2 M. u., 32/33, 82/83, 108/109); ©iStockphoto.com: Abel Mitja Varela (17 u.); Kyrimai (16 u.); Laif: Amme (102/103), Caputo (18/19), hemis.fr (Mattes) (9), Tophoven (1 o., 3 u., 12/13, 27, 28/29, 30 l., 48, 96/97, 112 u.), Zahn (10/11, 24/25, 81); mauritius images: age (2 u., 44/45, 100), Axiom Photographic (40), Thonig (Klappe l., 7), Visa Image (26 l.), Warburton-Lee (2 M. o., 6); Mavromichalai: John Kanakis/Stefanos Karamanian (16 o.); TEMES S.A. - Costa Navarino (17 o.); E. Wrba (3 o., 22, 29, 43, 54, 59, 60/61, 75, 78, 85, 105, 106/107, 112 o.)

10. Auflage 2013
Komplett überarbeitet und neu gestaltet
© MAIRDUMONT GmbH & Co. KG, Ostfildern
Chefredaktion: Michaela Lienemann (Konzept, Chefin vom Dienst), Marion Zorn (Konzept, Textchefin)
Autor: Klaus Bötig; Redaktion: Martin Silbermann
Verlagsredaktion: Anita Dahlinger, Ann-Katrin Kutzner, Nikolai Michaelis
Bildredaktion: Gabriele Forst, Silwen Randebrock
Im Trend: wunder media, München
Kartografie Reiseatlas: © MAIRDUMONT, Ostfildern; Kartografie Faltkarte: © MAIRDUMONT, Ostfildern
Innengestaltung: milchhof:atelier, Berlin; Titel, S. 1, Titel Faltkarte: factor product münchen
Sprachführer: in Zusammenarbeit mit Ernst Klett Sprachen GmbH, Stuttgart, Redaktion PONS Wörterbücher
Das Werk einschließlich aller seiner Teile ist urheberrechtlich geschützt. Jede urheberrechtsrelevante Verwertung ist ohne Zustimmung des Verlags unzulässig und strafbar. Das gilt insbesondere für Vervielfältigungen, Übersetzungen, Nachahmungen, Mikroverfilmungen und die Einspeicherung und Verarbeitung in elektronischen Systemen.
Printed in Germany. Gedruckt auf 100% chlorfrei gebleichtem Papier

BLOSS NICHT 👆

Wie Sie Fettnäpfchen und Unannehmlichkeiten vermeiden

ANTIKES OHNE ERLAUBNIS MITNEHMEN

Antiquitäten, alte Webarbeiten und Stickereien sowie alte Ikonen dürfen nur mit Genehmigung ausgeführt werden. Diese Erlaubnis sollte der Händler einholen. Mitbringsel aus antiken Stätten sind unzulässig; selbst kleine Keramikscherben dürfen nicht entfernt werden.

BRANDGEFAHR UNTERSCHÄTZEN

Die Waldbrandgefahr in Griechenland ist groß. Insbesondere Raucher und Camper werden um Vorsicht gebeten!

VERKEHRSREGELN MISSACHTEN

Verkehrskontrollen sind zwar selten, aber wer erwischt wird, zahlt drastische Bußgelder. Wer falsch parkt, muss mit mindestens 60 Euro rechnen, wer bei Rot fährt mit 700 Euro.

IN JEDEM FALL TRINKGELD GEBEN

Viele Griechen sind Fremden gegenüber äußerst hilfsbereit. Man weiß oft nicht, wie man sich bedanken soll. Ein Trinkgeld ist außerhalb von Hotels und Restaurants dafür immer der falsche Weg. Oft sind die Helfer wohlhabender, als sie aussehen; Bargeld wäre für sie eine Beleidigung. Besser, Sie laden sie zu einem Kaffee ein oder machen ein Foto von ihnen, das Sie ihnen später auch tatsächlich schicken.

OHNE PREISKONTROLLE FISCH BESTELLEN

Wer im Restaurant frischen (und recht teuren) Fisch bestellt, sollte beim Abwiegen dabei sein und den Preis erfragen, um unliebsame Überraschungen beim Bezahlen zu vermeiden.

MITTAGSRUHE STÖREN

Zwischen 14 und 17 Uhr sollte man keinen Griechen anrufen. Auch Mönchen und Nonnen ist die Mittagsruhe heilig: Zwischen 13 und 17 Uhr sind Besucher in Klöstern nicht willkommen.

ZU SPÄRLICH BEKLEIDET SEIN

Am Strand und in den großen Badeorten stören sich Griechen nicht mehr an nackter Haut. In Kirchen und Klöstern aber sind bedeckte Schultern und Knie erwünscht. In manche Klöster werden Besucherinnen in Hosen nicht eingelassen. In den Dörfern wird man von den Einheimischen eher respektiert, wenn man nicht in Badekleidung durch die Gassen schlendert.

FALSCHE SCHUHE TRAGEN

Auch für kleine Wanderungen sollten Sie unbedingt feste Schuhe tragen. Die Wege sind oft steinig und rutschig, auch Marmor kann sehr glatt sein. Außerdem gibt es Schlangen, die zwar normalerweise vor Menschen flüchten – aber man weiß ja nie. Für den Strand empfehlen sich im Sommer Badeschuhe, denn der Sand wird oft sehr heiß.